KB208521

사람들이 몰려오는
소그룹 인도법

사람들이 몰려오는 소그룹 인도법

초판   1쇄 펴낸날   2003년 6월 26일
개정판   1쇄 펴낸날   2010년 10월 18일
개정판   22쇄 펴낸날   2025년 4월 11일

지은이 조엘 코미스키
옮긴이 편집부 편역
펴낸이 우수명
펴낸곳 도서출판 NCD

등록번호 제 129-81-80357호(2005.1.12.)
등록처 서울시 강남구 테헤란로 25길 30 4층

ISBN   978-89-5788-144-6

잘못되거나 파손된 책은 구입하신 서점에서 교환해 드립니다.

사람들이 몰려오는 소그룹 인도법

조엘 코미스키 지음
편집부 편역

도서출판 NCD

추천의 글

이 책에 쏟아진 찬사

저희 교회는 이 책으로 리더 양육을 합니다. 청년뿐 아니라 장년까지요. 리더들끼리 이 책을 읽고 서로 나눌 때, 소그룹을 인도하면서 이미 했던 것들과 앞으로 해야 될 것들이 정리되는 것 같습니다. 초보 리더님들, 어떻게 소그룹을 이끌어가야 할지 막막하시죠! 이 책이 큰 도움이 될 것입니다. 저희 교회에서는 소그룹 리더가 세워지면 가장 먼저 선물하는 책입니다.

−이경선 님

소그룹을 인도하면서 도움을 받고자 읽게 된 책이다. 생각보다 내용이 구체적으로 잘 정리되어 있고, 실제적인 면이 많이 나와 있어 수시로 읽어보면 좋을 것 같다. 또한 너무 방법론적이나 프로그램 위주의 내용만 있는 것이 아닐까 우려했었는데, 하나님을 향한 마음의 중심을 저자가 간과하지 않아 좋았다. 소그룹을 처음 인도하거나 소그룹에 좀 더 다양한 변화를 시도해보고 싶은 리더라면 이 책을 꼭 읽어볼 것을 권한다.

−박수영 님

처음으로 소그룹을 인도하게 됐을 때 추천을 받은 책이에요. 저희 교회에서는 리더 훈련이 따로 없어서 어떻게 그룹을 인도할지 막막했었는데, 이 책을 읽고 많이 깨닫고 배웠어요. 사람의 신체 부분들을 예로 들어 어떤 마음, 어떤 머리, 어떤 손을 가지고 임해야 될지 재밌게 표현돼 있어서 쉽게 이해되고 좋았어요.

－김미선 님

이 책의 가장 큰 장점은 중간 중간마다 팁처럼 중요한 부분을 쉽게 파악할 수 있도록 배려해 놓은 것이다. 소그룹을 인도하면서 궁금하거나 도중에 막히는 점을 잘 추려놓고 그에 대한 적절한 대응책을 설명해 놓은 것도 인상적이다. 요즘 소그룹의 중요성에 대해 더욱 절실함을 느꼈는데 이 책을 통해 많은 도움을 얻게 돼 기분이 좋다.

－최정기 님

개인적으로 이런 제목을 좋아하지 않아 지나치려다가 추천의 글을 읽고서 마음이 끌렸다. 청년부 리더용으로 쓸 교재들을 몇 권 비교해 보았는데, 처음 편견과는 달리 이 책이 가장 좋았다. 소그룹에 대한 원론적인 이야기들은 제쳐놓고 실질적인 소그룹 운영법에 대해 다양한 면으로 접근하고 있다. 이미 리더 훈련을 받았고, 현재도 리더로 섬기고 있는 이들과 함께 나누기에 딱 좋은 책이다.

－이명수 님

셀그룹에 대해 오랫동안 관심을 가지고 연구해온 조엘 코미스키의 책은 실제적인 부분을 다루기도 하지만, 무엇보다 하나님 앞에서의 마음가짐을 다루는 것이 개인적으로는 마음에 든다. 쉽사리 전략과 방법적인 것으로만 그칠 수 있는 소그룹 인도법이 무엇보다 리더의 자질과 마음가짐, 준비됨에 대해 다룸과 동시에 소그룹의 본질과 예배의 본질 또한 잊지 않고 있다. 이해하기도 쉽고 보기도 쉽게 아이콘을 사용해서 기억하기 쉽게해 놓고 원하는 것을 쉽게 찾을 수 있게 해 놓은 것 또한 이 책을 잘 활용할 수 있도록 돕는 것 같다.

－윤미현 님

이 책은 소그룹을 성공적으로 이끌어가고자 하는 모든 소그룹 리더들을 위한 훌륭한 지침서입니다. 이 책은 경험이 많은 리더들의 설문조사로 얻어진 제안들을 모은 것입니다.

－랄프 네이버(Ralph W. Neighbour, JR.), TOUCH® Outreach 미니스트리 창립자

실용적이며, 철저하며, 독자를 깊이 생각한 이 지침서는 모든 소그룹 리더가 배운 바를 곧바로 적용하기 편리합니다. 이 책을 적극 권해 드립니다.

－래리 크레이더(Larry Kreider) DOVE Christian Fellowship International 국제담당

모든 소그룹 리더는 이 실용적인 자료가 필요합니다. 여러분이 초보자이든 아니면 숙련자이든 간에, 여러분 자신과 여러분이 교육시키는 사람들을 위한 실제적인 안내서를 찾게 될 것이며, 그때 나는 이 책을 강력히 추천합니다.

－밥 로건(Bob Logan) 풀러신학교 교회성장학 박사, CoachNet, Inc. 대표

소그룹에 관해 쓰여진 많은 열정적인 책들 중에서 소그룹 모임 자체에 대해서 쓰여진 책은 거의 없습니다. 나는 이 훌륭한 책에 대해서 하나님께 감사드립니다. 모든 소그룹 리더들의 손에 이 책이 들려지도록 합시다.

－짐 에글리(Jim Egli) The Vineyard Church, Champaign, IL 셀교회 목사

이 책을 읽는 동안, 나는 생기 있게 토론하는 우리의 소그룹 리더들의 모습이 계속해서 떠올랐습니다. 우리는 신뢰할 만하고 역동적인 자료가 필요했었습니다. 이 책을 읽어보니 코미스키는 소그룹 사역 분야에 있어서 실천자가 분명합니다. 그는 우리의 소그룹 사역에 대해 조예가 매우 깊습니다.

–케리 보만(Kerry Bowman) Eagle Alliance Church 담임목사

코미스키는 이 책에서 성공적인 소그룹을 인도하는 기본적인 사항을 모두 다룬다. 이 실용적인 지침서는 예비리더에게는 필독서가 될 것이며, 기존 리더에게는 크나큰 감동을 불러일으킬 것이다. 모든 이들을 위한 가치 있는 통찰이 이 책에 담겨져 있다.

–진네트 불러(Jeannette Buller) CoachNet, Inc. 작가

잘 준비된 소그룹의 안정된 분위기 안에서 성령님이 우리의 마음을 만지실 때 비로소 하나님이 우리를 초청하시는 놀라운 계획들을 볼 수 있습니다. 사람들의 삶을 변화시키고 소그룹을 성공에 이르게 하는 실제적인 지도를 우리에게 보여주고 있다는 점에서 나는 이 책에 아낌없는 찬사를 보냅니다.

–톰 커리건(Thom Corrigan) 순례훈련의 창시자, Experiencing Community의 작가

| **차례** contents |

이 책을 읽는 이들에게

침묵…. 무거운 침묵이 흘렀습니다. 그러자 리더인 제리가 말문을 열었습니다. "이 본문에 대해 말씀하고 싶은 분은 없나요?" 그가 이렇듯 성경본문에 대한 그룹원들의 생각을 물은 것은 성경본문에 대해서 말하도록 하는 것이 침묵을 깨뜨리는 최선책이라고 여겼기 때문입니다. 하지만 여전히 반응은 없었습니다. 토론을 이끌려는 제리의 시도는 실패한 것입니다. 그러자, 제리는 '적어도 그들은 하나님의 말씀을 받아들이고 있어' 하고 생각하며 스스로를 위로했습니다.

나는 제리가 이때 어떤 기분을 느꼈을지 충분히 짐작할 수 있습니다. 누구나 한번쯤은 소그룹 내에서 토론이 더 이상 진행되지 않는 '침묵의 시간'을 경험해 보았을 것입니다. 이 '침묵의 시간'을 자주 경험하다 보면 소그룹 리더들은 자신감을 잃게 되고 자신의 재능이나 리더십 능력을 의심하게 되며, 심지어 자신을 비롯한 그룹원들을 비난하게 되기도 합니다. 나 또한 그러한 경험들을 가지고 있으며, 그럴 때마다 내가 놓치고 있는 부분이 무엇인지 궁금해하고 해결책을 찾기 위해 고심합니다.

이 책은 이런 고민에 빠져 있을 소그룹 리더들을 위한 책입니다. 이 책은 소그룹 모임에서 일어날 수 있는 여러 가지 문제들에 대한 해결책을 제시함으로써 소그룹을 인도하는 리더들이 다시금 자신감을 되찾고 열정적으로 소그룹을 인도할 수 있도록 도와줄 것입니다.

| 소그룹에 대한 관심

미국에는 30만여 개의 교회들이 있으며, 정기적으로 약 7천 5백만 명의 미국 성인들이 3백만 개 이상의 소그룹 모임에 참여하고 있습니다.[1] 소그룹에 대한 사람들의 관심의 증가는 미국뿐만 아니라 전 세계적인 추세입니다.

기독교 역사상 가장 큰 교회인 한국의 여의도순복음교회도 2만 5천 개의 소그룹으로 이루어져 있고, 여의도순복음교회의 모델을 따르는 세계의 여러 교회들 역시 소그룹을 기반으로 빠르게 성장하고 있습니다.[2]

소그룹에 대한 관심이 높아짐에 따라 '소그룹의 역동성'에 대한 필요도 증가하고 있습니다. 특히 인간적인 여유나 관계성을 점차 잃어가고 있는 인터넷 사회에서는 더더욱 소그룹에 대한 정확한 이해가 필수적입니다. 릴 스칼러Lyle Schaller는 현재 미국 교회의 20가지 혁신에 대해 열거한 후 다음과 같이 말합니다.

> "놀라운 것은 수천만의 청소년들과 성인들이 다른 모든 일보다 성경공부와 주말 모임 - 전문가가 아닌 평신도에 의해 운영되는 진지하고 깊이 있는 - 에 우선순위를 두고 참여하고 있다는 사실입니다."[3]

사실 '소그룹의 역동성'은 이제 그 자체가 하나의 학문 분야로 자리매김을 하고 있습니다. 나 역시 대학 시절 교과 과정 중에 《성공적인 그룹토의Effective Group Discussion》라는 책을 통해 적극적으로 듣고, 긍정적으로 대답하고 요약하는 방법 등 많은 소그룹 기법들을 배웠습니다.[4]

대부분의 세상 조직들도 업무별 부서에서 취미활동 그룹까지 다양한 소그룹 모임을 진행하고 있습니다. 그리고 이제 그 모임을 인도하는 방법을 아는 것은 모임의 분위기를 좋게 하는 것뿐만 아니라 종종 사업의 성공과 직결되기도 합니다.

그러므로 소그룹을 인도하는 모든 리더들은 소그룹을 효과적으로 인도하는 방법에 대해 고민하고 연구해야만 합니다. 그들이 이렇듯 '소그룹의 역동성'에 대한 실제적인 기법들을 배우고 익힐 때 하나님의 사랑과 성령이 넘치며 생동감 있는 소그룹을 이끌어갈 수 있게 될 것입니다.

| 소그룹 정의하기

어떤 전문가들은 소그룹을 단순히 '작은 규모의 모임'이라는 의미로 정의합니다. 하지만 이렇게 포괄적이고 애매모호한 정의로는 소그룹을 명확하게 구분할 수 없습니다. 위의 정의에 따르면 전 세계에 걸쳐 정신적 · 육체적 문제들을 해결하기 위해 생겨나는 수많은 그룹들이나 가족, 학교의 반, 취미활동 모임, 회사의 부서 등도 모두 소그룹에 포함되어야 합니다.

그러나 이런 모임들은 우리가 말하는 의미에서의 소그룹이 아닙니다. 그렇다면 우리가 말하는 소그룹의 정의는 무엇일까요? 나는 그것을 다음과 같이 정의합니다.

"영적인 세움과 전도를 위해 정규적으로 만나는 사람들의 그룹
또는 지역교회 활동에 참여하기 위해 헌신하는 사람들의 모임"

소그룹을 정의할 때 가장 중요한 것은 소그룹의 필수요소와 특징을 제시해야만 한다는 것입니다. 그렇다면 그것이 무엇일까요?

'삶을 변화시키는 소그룹'은 지속적이고 유동적이어야 합니다. 수많은 소그룹들은 저마다의 특징과 개성을 가지고 있으며, 각각의 소그룹의 목표나 기도는 그 특징과 개성에 어울려야 합니다. 만약 소그룹이 세운 목표가 그 소그룹의 특징과 어울리지 않는 획일적인 목표일 때 그것은 도리어 소그룹의 발전을 방

해할 뿐입니다. 소그룹의 목적과 형태, 운영에 있어서 완전히 일치하는 소그룹은 없지만 각각의 소그룹은 다음과 같은 필수요소들을 지니고 있습니다.

- 위로 향함 : 하나님을 알고 그를 향해 나아감
- 안으로 향함 : 서로 사랑하며 서로를 더욱 깊이 알아감
- 밖으로 향함 : 영혼에 대한 사랑과 열정으로 불신자들에게 나아감(소그룹 번식에 그 목적이 있음)
- 앞으로 향함 : 새로운 리더를 세움

이러한 요소들은 다양한 소그룹들이 그에 맞는 목표를 설정하고 성취해 가면서 소그룹을 효과적이고 유동적으로 유지시킬 수 있게 해줍니다.

 시도

소그룹이 아닌 것[5]

다음의 모임들은 소그룹에 대한 오해와 잘못된 생각의 예입니다.

- **사교모임** : 소그룹은 동질성을 목표로 하는 것이 아니라 성장하여 전도하는 것이 목적이어야 합니다. 그러므로 단순한 사교모임은 소그룹이라고 말할 수 없습니다.

- **파당** : 소그룹은 항상 다른 이들을 받아들일 준비가 되어 있어야 합니다. 자기들만의 폐쇄적인 모임은 소그룹의 정신과 이념이 아닙니다.
- **조직** : 소그룹은 그리스도의 몸을 이루는 살아 있는 생명체입니다. 그러므로 소그룹을 단순히 생명력 없는 조직으로 전락시켜서는 안 됩니다.
- **정체된 모임** : 소그룹은 번식하기 위해 태어납니다. 그러므로 소그룹은 반드시 자신을 재생산해야 합니다. 재생산을 하지 못하는 소그룹은 소그룹으로서의 생명력을 상실한 것입니다.
- **매주마다 한번씩** : 소그룹은 매주 한번씩 만나는 모임이 아니라 언제나 함께하는 가족과 같은 모임이어야 합니다. 그러므로 매주 한번씩만 만나는 모임만으로 소그룹을 정의해서는 안 됩니다.
- **학습방** : 소그룹의 리더는 지식전달자가 아니라 나눔의 동기를 부여하며, 학습을 안내하는 목자입니다. 한 사람이 일방적으로 강의하고 다른 사람들은 듣기만 하는 공부방이나 학습방의 모습은 소그룹의 모습이 아닙니다.
- **성경공부 위주의 모임** : 소그룹은 단지 성경공부를 위한 모임이 아닙니다. 소그룹은 성경말씀의 실천에 초점을 두어야 합니다.
- **치유모임** : 소그룹 내의 치유는 소그룹 활동 가운데 일어나는 부수적인 효과일 뿐 목적이 아닙니다. 그러므로 치유 자체만을 목적으로 모이는 것은 올바른 소그룹의 모습이 아닙니다.
- **철새무리** : 셀교회의 소그룹은 반드시 지역교회에 참여해야 합니다. 지역교회에의 참여는 거부하면서 소그룹 모임에만 참여하는 것은 올바른 태도가 아닙니다. 그러므로 그런 목적을 위해 나아오는 철새와 같은 자들은 거부해야만 합니다.
- **기도 그룹** : 소그룹 안에서 기도는 필수요소이지만 기도 자체가 소그룹의 목적은 아닙니다.
- **업무 그룹이나 사역 그룹** : 소그룹은 단순한 업무나 사역 그룹이 아닙니다(예를 들어, 예배부서나 예배 전 안내자 모임 등). 소그룹에서는 전도가 이루어져야 하는데, 그런 모임에서는 전도가 거의 불가능하기 때문입니다.

| 그룹을 소규모로 유지하기

소그룹을 효과적으로 인도하기 위해서는 그룹의 크기를 소규모로 유지해야 합니다. 소그룹의 규모가 너무 커지면 각 구성원 간의 친밀도는 감소할 것이며[6], 소그룹이 구성원들을 효과적으로 돌볼 수 있는 범위를 초과하게 될 것입니다.

 통찰

대화라인 공식

N×N-N=대화라인
(N : 소그룹 내의 인원수)
2×2-2=2명
4×4-4=12명
10×10-10=90명
15×15-15=210명

예를 들어, 대화라인 공식에 따르면 2명이 대화할 때 2개의 대화라인이 생깁니다. 4명일 때는 12개로 늘어나며, 10명일 때는 대화라인이 90개, 15명일 때는 210개의 대화라인이 생기는 식으로 사람 수가 증가할수록 대화라인이 기하급수적으로 증가합니다. 따라서 15명 이상이 되면 그것은 더 이상 소그룹이라고 부를 수 없는 규모가 되는 것입니다.

소그룹을 효과적으로 유지할 수 있는 최대 규모[7]에 대해 칼 조지Carl George는 소그룹 내에서 최적의 의사소통을 위해 과학적으로 타당한 인원은 10명이라고 주장합니다.[8] 존 맬리슨John Mallison은 좀 더 여유를 두어 다음과 같은 이유 때문에 12명이 가장 이상적인 인원이라고 말합니다.

"12가 의미 있는 관계를 위한 최고 한계일 뿐만 아니라 소그룹에 새로 들어온 이들에게도 부담 없는 상황을 제공합니다. 예수님이 그의 제자들을 12명으로 제한하신 것도 동일한 이유 때문입니다."

이 두 사람의 의견을 비교 검토해 본 데일 갤로웨이Dale Gallowy는 '소그룹의 역동성'을 고려해 볼 때 돌봄과 대화를 위한 가장 이상적인 수는 8에서 12사이의 수라고 결론을 내렸습니다.[9] 내 생각에도 효과적인 소그룹 운영을 위해서 한 소그룹의 인원은 15명을 넘지 않아야 하며, 5명보다 적어서도 안 됩니다.

| 소그룹 모임 비유화

우리의 신체가 적절하게 움직이기 위해서는 각 부분이 전체가 되어 유기적으로 함께 움직여야 합니다. 소그룹 모임에서도 마찬가지입니다. 어떤 리더는 뛰어난 눈을 가지고 있지만 영혼이 없으며, 어떤 리더는 격려하는 입은 있지만 귀는 없습니다.

부조화로운 리더가 이끄는 소그룹은 결코 성장할 수 없습니다. 신체의 각 부분이 모두 조화롭게 움직일 때 효과적인 소그룹 모임이 이루어집니다. 그런 의미에서 이 책의 각 장은 서로 다른 몸의 지체에 해당합니다.

1장_ 하나님을 향한 순수한 마음 : 소그룹 모임을 위한 자기 준비
2장_ 모임을 감싸는 손 : 소그룹 모임을 구성하는 법

| 이 책 활용하기

1. 처음부터 끝까지 통독하기 : 이 방법은 소그룹 인도의 모든 것을 한꺼번에 볼 수 있도록 해 줄 뿐만 아니라 여러분이 이미 행하고 있는 방법들을 더욱 분명하게 훈련할 수 있는 방법입니다.

2. 필요한 부분만 읽기 : 여러분이 상황에 따라 필요한 장만 읽어 활용할 수 있는 방법입니다.

3. 목록과 보조도표만 훑어보기 : 모임에 사용할 수 있는 아이디어나 힌트를 얻을 수 있는 방법입니다.

4. 토론하기 : 다른 소그룹 리더와 함께 읽고 토론하며 훈련할 수 있는 방법입니다.

5. 요점 정리하기 : 매 장 마무리 부분에 '기억해야 할 요점'이 정리돼 있어 리더모임 때 활용할 수 있는 방법입니다.

| 이 책의 특징

이 책을 통해 여러분은 '사람들이 몰려오는 소그룹'을 인도하는 원리와, 모임에서 직접 실행해 볼 수 있는 구체적인 방법들을 알게 될 것입니다. 이 책에서는 다음과 같은 보조 도표를 통해 소그룹 리더를 위한 힌트들을 제공하고 있습니다.

🔔 시도 : 여러분이 이번 주에 실행할 수 있는 간단한 생각과 짧은 기사를 이 곳에서 찾을 수 있습니다.

🏛 통찰 : 삶의 체험으로부터 나온 간증, 이용에 대한 설명은 여러분에게 훌륭한 소그룹 리더가 되는 통찰력을 제공합니다.

📑 사전 : 소그룹 리더십을 보다 잘 이해할 수 있는 방법을 제공합니다.

🕐 전략 : 여러분의 소그룹에서 구습을 깨뜨리고 새로운 무엇인가를 할 수 있는 구체적인 방법들을 제공합니다.

| 추천도서

《사람들이 몰려오는 소그룹 인도법》은 여러분이 매주 모임을 효과적으로 인도할 수 있도록 도와줄 것입니다. 그렇다면 모임이 없는 날 소그룹 리더는 무엇을 해야 할까요?

제가 저술한 또 하나의 책, 《셀그룹 폭발Home Cell Group Explosion》(NCD)에는 소그룹 리더가 모임이 없는 6일 동안 무엇을 해야 하는가에 대한 내용이 들어 있습니다.

이 두 권의 책이 하나님이 여러분에게 주신 사역을 온전하게 수행하는 데 많은 도움이 되기를 바랍니다.

01

하나님을 향한
순수한 마음

－소그룹 모임을 위한 자기 준비－

소그룹 리더십은 마음의 준비로 시작합니다.
하나님을 향한 순수한 마음으로 소그룹 모임을 인도해야만
그 모임이 지루하지 않고 틀에 박힌 의식이 되지 않습니다.

대부분의 역동적인 소그룹 리더들은 다음과 같은 특징들을 가지고 있습니다.

- 그들은 그룹의 구성원들을 사랑하고 아끼며 그들에게 한결같은 관심을 보이지만, 잘못을 그냥 보아 넘기지는 않습니다.
- 그들은 토론을 자연스럽게 이끌 줄 알지만, 주제에서 벗어나지 않습니다.
- 그들은 다른 사람의 이야기를 경청하지만, 한 사람이 대화를 주도하도록 놔두지 않습니다.
- 그들은 결속력이 강한 공동체 모임을 만들지만, 그룹원들이 불신자들에게 다가가는 것을 막지 않습니다.
- 그들은 모임의 정체성을 세우는 데 많은 노력을 기울이지만, 그룹원들이 새로운 소그룹을 만들어 번식하는 것을 막지 않습니다.

이러한 균형을 유지하는 것이 어려워 보입니까? 물론 위와 같은 훌륭한 소그룹 리더가 되는 일은 성령께서 우리와 함께하지 않고서는 불가능한 일입니다. 모임을 진행하는 데 있어 논리적인 사고와 기술은 중요한 요소지만, 그것만으로는 소그룹 모임이 언제 어떻게 해야 역동적인 모임이 될 수 있는지 알 수 없습니다.

소그룹 모임을 효과적으로 이끌기 위해서는 소그룹 리더의 마음에 진정한 변화가 있어야 합니다. 성령께서 소그룹 리더의 마음 가운데 임하시면 그들은 마음에서 우러나오는 사역을 할 수 있게 됩니다.

여러분 앞에 놓인 미지의 바다를 성공적으로 헤쳐나가기 위해서는 길을 잘 아는 능숙한 안내자가 필요합니다. 예수님께서는 우리에게 다음과 같이 약속해주셨습니다.

"그러하나 진리의 성령이 오시면 그가 너희를 모든 진리 가운데로 인도하시리니 그가 자의로 말하지 않고 오직 듣는 것을 말하시며 장래 일을 너희에게 알리시리라"(요 16:13).

"보혜사 곧 아버지께서 내 이름으로 보내실 성령 그가 너희에게 모든 것을 가르치시고 내가 너희에게 말한 모든 것을 생각나게 하시리라"(요 14:26).

여러분이 그룹원의 눈물과 두려움, 또는 그가 가지고 있는 야망과 꿈을 완전히 이해하지는 못할 것입니다. 그 그룹원과 나머지 그룹원들이 거실에 도착했을 때, 여러분은 어떠한 일이 일어날지 예측할 수도 없습니다. 여러분이 소그룹 모임의 역동성에 관한 관례와 기술을 터득하고 있다고 하더라도, 그룹원의 마음속 깊은 곳에 있는 것까지는 이해할 수 없을 것입니다. 때문에 여러분에게는 성령님이라는 인도자가 필요합니다.

| 소그룹 모임 전에 모든 준비 끝내기

여러분과 여러분의 그룹원들은 적어도 소그룹 모임이 시작하기 30분 전에 모든 사전 준비를 끝내야 합니다(예 : 공과 지도, 다과 준비 등). 그러나 그럼에도 불구하고 여러분 자신의 성령 충만을 위해 기도해야만 합니다. 그것은 우리가 아무리 철저히 준비했다 하더라도 소그룹 모임 진행 중에는 예상하지 못했던 일들이 많이 일어나기 때문입니다.

예를 들어 모임 진행 중에 전화벨이 울릴 수도 있고, 갑작스럽게 그리스도인이 아닌 사람이 방문할 수도 있습니다. 또는 그룹원 중 하나가 아이스 브레이크 시간에 자신이 해고당한 이야기를 할 수도 있습니다. 이럴 때는 어떻게 해야 할까요? 즉시 그를 위해 기도해야 할까요? 아니면 다른 사람의 이야기를 모두 듣고 기도해야 할까요? 우리가 성령님의 지혜를 의지해야 하는 이유가 여기에 있습니다.

여러분이 능숙한 소그룹 리더라면 철저한 계획과 준비가 소그룹 모임에 도움이 되긴 하지만 그것만으로는 충분하지 않습니다. 소그룹 인도는 철저한 준비와 함께 성령의 인도하심에 따라 융통성 있게 진행되어야 합니다.

융통성이 없는 소그룹 리더는 꽉 막힌 야구 코치와 비슷합니다. 만약 코치가 고지식하게 미리 세워진 계획만을 고집할 경우, 누군가 상처를 입었을 때 적절하게 선수교체를 하지 못해 게임을 망치게 될 것입니다. 이처럼 성령님을 의지하지 않고 정해진 순서나 계획만을 고집하는 소그룹 리더는 그 모임을 망칠 수도 있습니다.

통찰

성령충만의 3단계

1단계 : 하나님께 성령충만을 구하십시오.

"너희가 악할지라도 좋은 것을 자식에게 줄줄 알거든 하물며 너희 천부께서 구하는 자에게 성령을 주시지 않겠느냐"(눅 11:13).

"내가 또 너희에게 이르노니 구하라 그러면 너희에게 주실 것이요 찾으라 그러면 찾을 것이요 문을 두드리라 그러면 너희에게 열릴 것이니 구하는 이마다 받을 것이요 찾는 이가 찾을 것이요 두드리는 이에게 열릴 것이니라"(눅 11:9~10).

2단계 : 모든 죄를 하나님께 고백하십시오.

"내가 내 마음에 죄악을 품으면 주께서 듣지 아니하시리라"(시 66:18).

3단계 : 매일매일 성령의 충만을 입으십시오.

헬라어로 '충만함'은 계속적이고 지속적인 채움을 말합니다.

"… 오직 성령의 충만을 받으라"(엡 5:18).

경기에서 이기기 위해서는 좋은 코치가 필요합니다. 좋은 코치는 원칙에도 충실하지만 돌발 상황에도 유연성 있게 대처할 수 있어야 합니다. 우리가 성령님의 도우심을 필요로 하고 의지하는 이유가 바로 이것입니다.

성령님이 우리 안에서 매 순간순간마다 상황에 맞는 조언을 해 준다면 얼마나 든든할까요? 이처럼 우리가 필요할 때마다 그분의 목소리를 크고 분명하게 듣기 위해서, 모임 시작 전에 반드시 성령으로 충만한 상태를 유지해야 합니다.

통찰

성령의 기름부으심

"너희는 주께 받은 바 기름부음이 너희 안에 거하나니 아무도 너희를 가르칠 필요가 없고 오직 그의 기름부음이 모든 것을 너희에게 가르치며 또 참되고 거짓이 없으니 너희를 가르치신 그대로 주 안에 거하라"(요일 2:27).

가장 강력한 사역은 소그룹 모임 후에 진행되는 간단한 다과 시간에 일어납니다. 사람들은 일반적으로 긴장이 풀어지고 소그룹 모임에 대한 부담감이 사라지게 되면 마음속의 이야기들을 풀어놓기 때문입니다. 이때 성령님은 여러분에게 새로 나온 사람이나 완고한 사람에게 사역할 수 있는 능력을 주십니다.

예를 들면 여러분은 모임 동안 거의 말이 없었던 사람에게 말을 걸어보라는 강한 느낌을 받을 수 있습니다. 또는 다른 사람이 말하는 동안 듣기만 해야겠다는 생각이 들 수도 있습니다.

그러므로 성령님과 동행하십시오. 그분은 여러분이 소그룹 내에서 무엇을 해야 할지를 가르쳐 주시고, 여러분의 모임을 그분의 원하시는 길로 인도하실 것입니다.

| 예수님의 모범을 따르라

경건한 그리스도인 리더, 찰스 험멜Charles Hummel은《늘 급한 일로 쫓기는 삶The Tyranny of the Urgent》(IVP)이라는 고전적인 논문을 썼습니다. 그는 논문에서 우리는 언제나 긴급한 일과 중요한 일 가운데 긴장하면서 살고 있다고 말하고 있습니다.

긴급하거나 중요한 일들은 우리에게서 하나님과 함께할 수 있는 시간을 빼앗아 갑니다. 그러나 정작 우리에게 중요한 것은 예수님과의 관계입니다. 스티븐 코비는《성공하는 사람들의 7가지 습관The 7 Habits of Highly Effective People》(김영사)에서 이와 같은 긴장을 강조하고 있습니다.

"긴급한 문제는 … 우리를 압박하며 그에 대한 즉각적인 행동을 강요합니다. 대개 그것은 바로 우리 앞에 닥친 일반적이고 마땅히 해결해야 할 문제들입니다. 그리고 때로 그 일들이 우리에게 즐거움과 유쾌함을 주기도 합니다. 그러나 대부분 그것들은 중요하지 않습니다!

긴급하지는 않으나 정말 중요한 문제들이 사실은 우리의 삶에서 더 많은 시간들과 더욱더 많은 우선순위를 가져야 합니다. … 만약 우리에게 삶에서 무엇이 중요하고 무엇을 얻고 싶은지에 대한 뚜렷한 목표가 없다면 우리는 언제나 긴급한 문제에서 벗어나지 못할 것입니다.

만약 하나님과의 시간을 미리 계획하지 않고 우리의 삶의 문제에서 우선순위로 놓지 않는다면 긴급한 문제 때문에 스케줄이 복잡해질 것이며, 하나님과 만나는 자발적인 시간을 망치게 될 것입니다.

그러므로 하나님을 만나는 시간을 가지기 위해서는 하루 전에 미리 그 시간을 계획하고 따로 떼어놓아야 합니다. 우리는 '나는 내일 오후 5시 30분에 혹은, 점심 시간에 하나님을 만날 것입니다'라고 말할 수 있어야 합니다."[1]

우리 모두에게는 똑같이 하루 24시간이 주어집니다. 하나님과 만나는 시간이 중요하다면 그것을 위한 시간을 따로 만드십시오. 그렇지 않으면 여러분은 '긴급한 일 때문에'라는 핑계만 늘어놓게 될 것입니다.

 전략

구습 개선

여의도순복음교회의 조용기 목사는 어떤 소그룹이 성장하지 않을 때, 그 소그룹의 리더를 금식하며 기도하도록 며칠 간 기도원에 보냅니다. 여러분은 스스로 '기도원'에 가신 적이 있습니까?

예수님은 어떤 결정을 내리기 전에 언제나 하나님과의 만남을 가지셨습니다. 누가복음에 보면, 예수님의 소문을 듣고 몰려든 무리들로 인해 바쁘고 분주한 중에도 예수님은 홀로 하나님과 교제하는 것을 모든 일에서 최우선으로 삼았습니다.

"예수의 소문이 더욱 퍼지매 허다
한 무리가 말씀도 듣고 자기 병도
나음을 얻고자 하여 모여오되 예
수는 물러가사 한적한 곳에서 기
도하시니라"(눅 5:15~16).

통찰 🏃

성공의 열쇠

700명의 소그룹 리더 설문조사에 따
르면 리더의 성공은 매일, 얼마나 많
은 시간을 기도에 헌신하느냐에 달려
있다고 합니다.

우리의 모범이신 예수님께서 하나님과의 시간을 가장 중요
하게 여기셨다면 우리도 그렇게 하는 것이 당연할 것입니다.

그러므로 소그룹 리더인 여러분에게 모든 일의 최우선순위
는 주님과 함께하는 시간이 되어야 합니다. 여러분이 하나님의 음
성에 민감하며 그분과의 교제에 최우선순위를 두고 있다는 것이
알려질 때, 여러분의 리더십은 더욱 강력해질 것입니다. 하나님께
서 명령하시고, 여러분의 마음 안에서 말씀하시는 것을 깨달을 수
있다면 여러분은 그룹원들에게 존경받는 리더가 될 것입니다.

| 하나님이 예비하신 축복

우리에게 기도의 중요성에 대해 말씀하신 예수님은 또한 기
도의 보상을 함께 약속하셨습니다.

"너는 기도할 때에 네 골방에 들어가 문을 닫고 은밀한 중에 계신

네 아버지께 기도하라 은밀한 중에 보시는 네 아버지께서 갚으시
리라"(마 6:6).

하나님께로부터 오는 보상은 여러분이 기도를 드러내지 않
고 골방 기도를 드릴 때 더욱 아름답게 빛을 발합니다. 여러분은
다른 사람들에게 자신이 얼마나 많은 시간을 기도에 헌신하는지
드러내거나 자랑하지 말아야 합니다. 하나님은 우리의 은밀한 기
도에 대해 드러나게 갚아주실 것입니다.

하나님은 자기를 찾는 자에게 풍성한 축복을 약속하십니다.
그러한 주의 약속을 기억하십시오.

"우리 가운데서 역사하시는 능력대로 우리의 온갖 구하는 것이나
생각하는 것에 더 넘치도록 능히 하실 이에게"(엡 3:20).

여러분의 삶에서 하나님을 우선순위에 두고 그분과의 교제
에 힘쓰며 그분의 도우심을 진심으로 구하면, 그분은 여러분이
구하고 생각하는 것 이상으로 풍성하게 보답하실 것입니다.

| 기법보다 중요한 것

이 책은 소그룹 인도의 기법이 중요하다고 강조하고 있습니
다. 그러나 나는 이 장에서 지나치게 기법만을 따르지 말라고 말
하고 싶습니다.

"성령님께서 당신을 인도하게 하십시오."

"성령께서 베푸시는 지혜로 상황을 잘 분석하고 판단하십시오."

모순처럼 들리나요? 그렇지 않습니다. 소그룹 모임을 위한 계획, 기법, 성실한 준비는 너무나도 중요합니다. 하지만 그것들이 여러분을 지배하지는 못하게 하십시오. 여러분을 지배하고 인도하는 것은 성령님의 일입니다.

성령께서 여러분을 사로잡고, 여러분이 성령님의 인도하심에 순종하면 더 나은 계획이 떠오르고, 돌발 상황에 대해 지혜롭고 유연한 대처를 할 수 있고, 모든 이들의 필요를 채워 줄 수 있는 훌륭한 소그룹 인도자가 될 것입니다. 보다 나은 계획과 각 상황을 다루는 방법과 필요한 것들을 채우는 능력은 성령님께 있습니다.

🕐 전략

성령에 민감함

상처받아 슬픔에 쌓인 이들에게 사역할 수 있는 가장 좋은 방법은 무엇일까요? 정해진 길은 없습니다. 단지 성령께 의지하여 최선을 다해 상처받은 이들과 연약한 이들을 돕는 것입니다.

🔠 통찰

7일 기도

다른 사람에 대한 문제로 갈등하고 있다면 7일 기도를 해보시기 바랍니다. 7일 동안 매일 5분간 그 사람을 위해서 기도하십시오. 하나님이 그 문제를 해결해 주실 것입니다.

성공적인 소그룹 리더는 그 모임을 하나님의 임재와 성령의 충만케 하심으로 시작합니다. 만약 여러분의 마음이 아직 성령의 인도하심을 의지하고 따를 준비가 되어 있지 않다면 아무리 좋은 기술을 가지고 있어도 여러분의 그룹을 하나님이 예비하신 축복의 장소로 인도할 수 없습니다.

그러므로 다음의 사실들을 기억하십시오.

• 하나님과 만나는 시간을 위해서 적어도 모임 30분 전까지는 모든 준비를 끝마치십시오.

• 하나님의 음성을 듣기 위해 기도시간을 모든 일에 최우선으로 삼으십시오.

• 기법보다 성령님을 의뢰하십시오.

모임을 감싸는 손

—소그룹 모임을 구성하는 법—

사물을 그러모아 잡는 손처럼, 검증된 소그룹 전략은 환영 시간부터 마침기도 시간까지
소그룹 리더가 사람들을 그룹 안으로 모을 수 있도록 도와줍니다.
성령님이 예상하지 못한 방식으로 소그룹 모임을 인도하실지라도
그분은 소그룹 리더가 소그룹 모임에 대한 분명한 계획을 갖고 있기를 바라십니다.

모니카가 소그룹 모임에 일찍 도착했습니다. 그녀는 내게 속마음을 털어놓기 시작했습니다. "앤디와 더 이상 살지 않아도 돼서 너무나 감사해요. 정말 속이 다 시원하지만, 한편으로는 두렵기도 해요. 아직도 가끔 내가 그를 필요로 한다는 느낌을 받거든요." 프랭크와 캐시가 대화 도중에 도착하였습니다. 그들은 모니카의 이야기를 듣고는 자신들의 생각을 이야기했습니다.

이때 모니카의 이야기를 중단시키고 곧바로 소그룹 모임을 시작해야 할까요? 아니면 계속해서 그들과 깊은 대화를 나누어야 할까요? 성령님은 내게 모니카의 이야기를 계속하는 것이 더욱 절실함을 깨닫게 하셨습니다. 그래서 우리는 하나님께서 모니카와 비슷한 고통에서 어떻게 우리를 구원해 주셨는지에 대해 이야기했습니다. 내가 준비해 두었던 학습 주제는 다음으로 미뤄두고, 우리는 성령의 능력을 통한 속박으로부터의 자유에 대해 이야기했던 것입니다. 결과는 어떻게 되었을까요? 하나님은 그날 밤 우리에게 역사하셨습니다.

이런 특별한 경우에 나는 우리의 모임을 상황에 따라 융통성 있게 인도해야 한다는 것을 잘 알고 있습니다. 그러나 그럼에도 불구하고 나에게는 언제나 모임에 대해 정해진 계획들이 있고, 90%정도는 그 계획대로 진행됩니다. 그러면 그 계획들은 매우 효과적으로 역사하여 시작과 마침이 아름답고, 모든 사람의 마음을 하나로 묶어 성공적인 소그룹 모임을 가질 수 있습니다. 마치 모든 것을 한꺼번에 움켜쥘 수 있는 '손'처럼 말입니다.

내가 발견한 최고의 소그룹 진행표는 환영Welcome, 경배Worship, 말씀Word 그리고 사역Work 혹은 전도Witness로 이루어지는 '4W'입니다. 다음과 같은 점 때문에 나는 이 진행표를 아주 좋아합니다.

환영(Welcome)	우리 삶의 진실한 나눔을 확대시키고, 성경이 말하는 '서로 사랑'에 대해 경험할 수 있습니다.
경배(Worship)	하나님께 가까이 나아가 성령충만함과 하나님의 임재하심을 느낄 수 있습니다.
말씀(Word)	하나님의 말씀을 들을 수 있습니다.
사역(Work) 혹은 전도(Witness)	불신자에게 나아가는 소그룹 모임을 만들 수 있습니다.

| 4W 소개하기

환영-15분

대부분의 소그룹원들은 피곤하고 지친 상태로 소그룹에 참여합니다. 또 그들 중 어떤 사람은 즐거운 마음으로 참석하는 것이 아니라 당연히 참석해야 한다는 의무감으로 왔을 수도 있습니다. 그러므로 모임을 즐겁게 시작하십시오. 그들이 편안하게 소그룹 모임에 참석할 수 있도록 하십시오.

일반적으로 환영 시간은 아이스 브레이크 질문으로 시작합니다. 최고의 아이스 브레이커들은 그룹원들에게서 큰 사랑을 받습니다. 만약 아이스 브레이크에 대한 자료가 부족하다면 역동적인 아이스 브레이크를 위한 책들을 사서 부족한 부분을 채우십시오.[1]

대부분의 사람들은 교사, 건설업자, 의사, 주부와 같은 직업으로 우리를 판단합니다. 그러나 훌륭한 아이스 브레이커는 우리

피곤한 소그룹원의 고백

1년 이상 소그룹 모임에 참석했던 한 사람이 소그룹 모임 시간에 고백했습니다. "목요일 밤마다 모임에 오는데 마음속으로 갈등을 느낍니다. 10시간의 고된 하루 일과 후에 내가 정말 하고 싶은 일은 TV 앞에 퍼져 있거나, 컴퓨터 게임을 즐기는 것입니다. 하지만 나는 언제나 이 모임에서 하나님의 임재를 경험하기 때문에 모임에 참석합니다. 나는 믿음 안에서 자라고 있습니다."

생동감 있는 아이스 브레이크

• 당신이 좋아하는 분은 누구이고 그 이유는 무엇입니까?

• 어떤 일을 하는 데 있어서 스트레스를 받거나 낙심할 때는 언제입니까?

• 지난 해 일어났던 일 중 나에게 최고의 사건이라 생각되는 일은 무엇입니까?

• 당신의 취미는 무엇입니까? 그리고 그것을 좋아하는 이유는 무엇입니까?

• 그리스도를 따르겠다는 당신의 결정에 가장 큰 영향을 끼친 분은 누구입니까?

• 당신을 잘 나타낼 수 있는 한 단어를 선택하여 다음의 문장을 완성해 보십시오. "나는 나 자신을 _____ 이란 단어로 표현할 수 있다."

• 당신이 지금까지 들었던 충고 중 가장 중요하다고 여기는 것은 무엇입니까?

• 당신의 지난 일주일을 색깔로 표현해 보십시오.

• 지금 당신의 상황을 가장 잘 표현할 수 있는 동물은 무엇입니까?

• 친구가 잘못을 저질렀을 때 당신은 어떤 방법으로 친구를 용서하십니까?

로 하여금 취미, 가족 상황 혹은 개인적 경험에 대해 이야기하게 만들며, 모임을 화기애애한 분위기로 이끌어 갑니다.

어떤 소그룹에서는 환영 시간에 다과를 제공하기도 합니다(사람들은 누구나 한 손에 과자를, 다른 손에 부드러운 음료를 들고 있으면 마음이 편해지기 마련입니다). 경제적으로 여유가 된다면 이것도 매우 좋은 방법이지만 시작할 때 다과를 제공했다고 해서 마지막 간식 시

아이스 브레이크를 시작하는 법

요점 : "오늘의 아이스 브레이크는…" 라고 말하면서 시작하는 것보다는 "오늘 어떻게 지내셨나요?"라고 말하면서 모임을 시작해보는 것이 어떨까요?

간을 소홀히 해서는 안 됩니다.

- **평가질문** : 환영 시간을 마쳤을 때 소그룹원들은 서로에 대해 편안해하며 함께 즐거워할 준비가 되었습니까?

경배 – 20분

경배 시간의 목적은 살아계신 하나님의 임재 속으로 들어가 우리의 모임을 그분의 통치 아래 내려놓는 것입니다. 그리스도의 임재하심이 없는 소그룹 모임은 업무 모임, 가족 모임, 조기축구회 등과 별반 다를 것이 없습니다. 따라서 경배 시간은 우리의 모임이 단순한 사교 모임이 아님을 기억하고 고백하게 해줍니다.

찬양을 통해 하나님의 임재 속으로 들어가는 것은 경배 시간의 중요한 부분 중 하나입니다. 소그룹원들이 모두 찬양악보를 가지고 있는지 확인하십시오. 그것은 모임에 처음 나온 이들은 악보가 없으면 불편을 느끼기 때문이며, 새신자나 다른 교회에서 온 교인들은 여러분들이 즐겨 부르는 찬양을 알지 못하기 때문입니다. 뿐만 아니라 모든 멤버들이 찬양

찬양악보를 여유 있게 확보해 두십시오.

사람들이 각자 자신의 찬양악보를 가지고 있으면 모임을 좀 더 효과적으로 이끌어 갈 수 있습니다. 물론 하나의 악보를 옆의 사람과 같이 보도록 배려하는 깃이 좋은 경험이 될 수도 있겠지만 바람직하지는 않습니다. 여유자금이 있다면 악보를 여유 있게 확보해 두십시오.

악보를 가지고 있으면 새로운 곡을 보다 자유롭게 선택할 수도 있습니다.

여러분이 경배 시간에 찬양할 때 에미 그란트Amy Grant처럼 기타를 치며 찬양해야 하는 것은 아닙니다. 찬양을 위해 특정한 형식이나 숙련된 기술을 익힐 필요가 없다는 것입니다. 어떤 소그룹 모임에서는 소그룹원들의 흥겨운 불협화음을 용납하지 못하기도 합니다. 그러나 하나님은 우리가 찬양할 때마다 훌륭한 가수나 화음이 잘 맞는 성가대가 되었는지 보시기보다는 우리가 무엇을 위해 찬양하는지를 보시는 분입니다. 어떤 소그룹은 음악 테이프나 CD를 틀어 놓고 소그룹원들과 함께 따라 부르기도 하는데, 이것도 효과적인 경배를 위한 좋은 방법 중의 하나라 할 수 있습니다.[2]

경배 시간을 이끌어가는 리더는 찬양이 시작되기 전에 미리 5~6개의 곡을 선택해 놓아야 합니다. 그렇지 않으면 경배 시간 전에 소그룹원에게 선곡을 부탁하고 그 곡을 연속해서 불러도 좋습니다. 다음 곡을 선곡하기 위해 잠깐씩 멈추는 것보다 찬양이 끊기지 않고 경배 시간 내내 하나님께 집중하는 것이 좋습니다. 그러나 그것에 얽매일 필요는 없습니다. 저는 개인적으로 찬양을 부르는 중간중간에 기도를 섞어서 진행하는 방식을 좋아합니다.

경배 시간의 대부분을 찬양에만 할애하지는 마십시오. 이에 대해 어느 소그룹 리더가 다음과 같이 말한 적이 있습니다.

경배 시간에 활용할 수 있는 아이디어[3]

아래의 단어들은 알파벳별로 하나님을 표현할 수 있는 것들을 간추려 본 것입니다. 이 단어들을 사용하여 하나님께 영광을 돌리십시오.

A 위엄 있는(awesome), 전능한(all mighty), 권위 있는(authority)

B 새벽별 같이 빛나는(bright morning star), 아름다운(beautiful)

C 자비로운(compassionate), 돌보시는(caring)

D 헌신적인(devoted), 깊은(deep), 소망의(desirous)

E 변함없는(everlasting), 고상한(exalted)

F 영원한(forever), 다정한(friend), 신실한(faithful)

G 인자한(gracious), 위대한(great)

H 거룩한(holy), 높은 망대 같은(high tower)

I 끝없는(infinite), 형언할 수 없는(indescribable), 한없이 품는(inclusive)

J 공의의(just), 질투하는(jealous), 기쁨의(joy)

K 왕이신(king), 근원되신(keystone), 모든 것을 다 아시는(knowing)

L 사랑의(loving), 충실한(loyal), 오래 참는(long-suffering)

M 능력 있는(mighty), 분명한(manifest), 광대한(magnificent)

N 가까이 계신(near), 고귀한(noble), 주목할 만한(noteworthy)

O 어디에나 계시는(omnipresent), 전능한(omnipotent), 유일한(only)

P 귀하신(priceless), 친구 같은(partner), 부모님 같은(parent)

Q 한량 없는(quantity), 고결한(quality)

R 의로우신(righteous), 구원자(redeemer)

S 강한(strong), 피난처가 되시는(shelter)

T 진리의(true), 지칠 줄 모르는(tireless)

U 관대한(understanding), 확고하신(unwavering)

V 승리의(victorious), 정복자(vanquisher), 광대한(vast)

W 의지를 지닌(willing), 지혜로운(wise), 용장(warrior)

X 시험하는(examiner), 폐부를 살피시는(x-ray)

Y 기준이 되는(yardstick), '예'라고 말씀하시는(yes)

Z 열정적인(zealous), 가장 높으신(zenith)

위의 단어들을 사용하여 하나님께 영광을 돌리는 일을 각자 마치고 나면, 소그룹 원들과 함께 우리 삶의 왕이시며 승리자이신, 거룩하신 하나님을 찬양하십시오.

경배 시간 전에 점검해야 할 사항

• **준비** : 가능하다면 모임시작 전에 찬양할 곡들을 미리 불러보거나 연주해 보는 것이 좋습니다.

• **확신을 가지고** : 모임을 진행하는 중에 실수를 하더라도 사과하지 말고 그냥 그 대로 진행하십시오. 경배 시간을 인도하는 데에는 특별한 기술이 필요한 것도 아니며, 그룹원들은 여러분들에게 완벽하라고 요구하지도 않습니다.

• **민감하게** : 경배 시간을 인도하는 사람은 3가지의 '귀'를 가지고 있어야 합니다. 찬양이 진행되는 것을 듣는 육체의 귀, 소그룹의 분위기를 가늠해 보는 마음의 귀, 성령님의 말씀을 듣는 영혼의 귀.

• **믿음직스럽게** : '믿음의 주요, 또 온전케 하시는 이인 예수'를 바라보십시오(히 12:2 참조). 경배 시간을 진행하느라 너무 신경을 쓴 나머지 모임의 리더인 여러 분 자신도 하나님께 경배드려야 할 사람이라는 사실을 잊어버리지 마십시오. 이것은 여러분이 미리 준비를 하고 있어야 가능한 일입니다.

• **열정적으로** : 하나님을 경배할 때에는 온몸과 온 마음을 쏟아 부어 열정적으로 하십오. 여러분이 이끌어가는 경배 진행 과정에 완전히 몰입하십시오. 부르다 가 성경을 낭독해도 좋습니다.

- **적극적으로** : 거룩, 사랑, 전능하심과 같은 하나님의 성품에 초점을 맞추십시오. 경배 시간은 사람들의 믿음을 키우라고 강요하는 시간이 아닙니다. 하나님께 더 가까이 나아가도록 집중할 수 있는 곡을 선택하십시오. 산만한 리듬이나 혼란스러운 가사의 곡은 피하는 것이 좋습니다.
- **막힘없이** : 경배 시간은 되도록이면 솔기 없는 옷처럼 막힘없이 흘러가는 것이 좋습니다. 곡 사이를 끊지 말고 다음 곡으로 바로 넘어가도록 인도하십시오.
- **마무리** : 갑자기 끝내는 것보다는 마지막에는 찬양과 기도를 함께할 수 있도록 인도하여, 자연스럽게 경배 시간을 마무리 지으십시오.

"경배 시간은 단순히 찬양하는 것만으로는 부족합니다. 단순한 찬양 이상의 경배가 요구되며, 우리 그룹은 그것을 위해 시편을 함께 읽거나 기도문을 함께 낭독하기도 하고 혹은 침묵 가운데 거하기도 하면서 하나님의 임재를 경험해 왔습니다."

- **평가질문** : 그룹원들은 하나님께 집중하며, 모임에 참여할 준비가 되었습니까?

말씀-40분

말씀 시간은 하나님께서 성경을 통해 우리의 마음에 말씀하시는 시간입니다. 다음의 인터넷 사이트들은 좋은 학습 자료들을 많이 제공하고 있습니다. 그중 가장 많이 활용할 수 있는 것은 소그룹을 위한 《세렌디피티 성경 *Serendipity Bible for Groups*》입니다.

많은 소그룹들이 주일날 설교와 똑같은 주제와 성경구절을

소그룹 자료 – 인터넷 링크

- '세런디피티Serendipity' 홈페이지에는 소그룹 모임을 위한 《세런디피티 성경 *Serendipity Bible for Groups*》을 포함하여 훌륭한 학습 자료들이 올려져 있습니다. www.serendipityhouse.com
- 소그룹 전문 온라인 웹사이트인 '소그룹 네트워크Small Group Network'는 소그룹들을 위한 방대한 자료들을 제공하고 있습니다. www.smallgroups.com
- '터치 아웃리치 사역부TOUCH Outreach Ministries'는 다양한 학습안내서를 포함하여 폭넓은 소그룹 자료들을 발행하고 있습니다. www.touchusa.org
- '윌로우크릭교회Willow Creek Community Church' 홈페이지 www.willowcreek.org
- '네비게이토Navigators' 홈페이지 www.navpress.com

사용하여 말씀 시간을 진행합니다. 같은 주제와 성경구절을 사용하는 것은 상관없지만 그렇더라도 말씀 시간을 주일 설교에 대해 이야기하는 시간으로 만들어서는 안 됩니다. 소그룹원들과는 주일 설교가 아닌 하나님의 말씀을 나누어야 합니다. 주일 설교 내용에 초점이 맞춰지면, 다른 교회에 다니거나 주일 예배에 참석하지 못한 사람들이 소외감을 느낄 수도 있습니다. 교회에서 학습 자료를 제공하더라도 소그룹 리더가 그것을 점검하고 자신의 모임과 맞지 않다면 과감하게 버릴 수도 있어야 합니다.

하나님은 자신의 말씀을 통하여 그룹원들에게 이야기하고, 그룹원들은 그것을 통하여 본인들의 필요를 깨닫습니다. 그룹원

들 중 누구든 특별히 기도할 내용이 있다면 말씀 시간이 끝난 후
에 말하도록 하십시오. 그것이 가장 효과적입니다. 저는 말씀 시
간 중 마지막 10분을 그룹원들의 필요를 위해 기도하는 데 사용
합니다.

- **평가질문** : 하나님의 말씀에 대해 느끼는 바를 그룹원들끼리 정
  직하게 나누었습니까? 그룹원들이 서로를 받아들이는 현상이
  나타나고 있습니까? 그룹원들은 말씀 시간을 통하여 하나님께
  순종하며, 그리스도와 함께하는 삶을 배웠습니까?

🏃 📖 통찰

기도 시간을 이렇게!

- 그룹원들에게 소리 내어 기도하라고 강요하지 마십시오. 그것이 두려워 모임에
  나오지 않을 수도 있습니다. 기도의 형식은 그다지 중요하지 않습니다.
- 기도를 가르치십시오. 대부분의 사람들에게 제대로 된 기도는 새로운 경험입니
  다. 우리가 기도해야 하는 이유와 누구에게 기도해야 하는지를 가르치십시오.
  그리고 다른 사람을 시키는 것보다 모임의 리더인 당신이 먼저 모범을 보이는
  것이 좋습니다.
- 특별히 기도해야 할 것에 집중적으로 간구하십시오.
- 학습 후에는 그룹원들이 그들의 마음을 점검하도록 묵상기도로 마치는 것이 좋
  습니다. 그리고 그룹원들 중 한 사람에게 대표기도를 하도록 요청하십시오. 그
  러나 모임에 처음 나오거나, 나온 지 얼마 되지 않은 사람에게는 대표기도를
  요구하지 마십시오.

기도는 이렇게!

- **주제기도** : 그룹원 중 한 사람이 소리 내어 기도하고 나머지 사람들은 그가 기도하는 것에 동의합니다. 그 사람이 기도를 마쳤을 때 다른 이들도 그 주제에 대해 자유롭게 기도를 덧붙일 수 있습니다. 주제기도는 단지 남이 기도하는 것을 듣는 것에서 벗어나 다른 사람의 기도에 대해 실질적으로 동의하도록 그들 스스로 훈련할 수 있는 좋은 방법입니다.
- **짧은 기도** : 두세 문장 정도의 길이로, 정해진 기도자만 기도하는 방법입니다.
- **간단한 기도** : 기도가 꼭 강력하고 길어야 할 필요는 없습니다. 리더는 기도자에게 기도를 간단히 하도록 요구하십시오.
- **구체적인 기도** : 하나님께서는 우리의 기도에 구체적으로 응답하시는 분이므로 우리의 기도도 구체적이어야 합니다.
- **묵상기도** : 하나님 앞에 조용히 앉아 긴장을 풀고 그분과의 만남을 즐기십시오.
- **영혼기도** : 이 방법은 하나님의 마음에서 생겨나 우리에게 나타나는 기도입니다.

사역-15분

소그룹 모임의 마지막 부분인 사역 시간(전도 시간)은 모임 밖에 있는 사람들에게 집중하는 시간입니다. 좋은 사역을 위해 특별히 정해진 방법은 없습니다. 이 시간에는 주로 봉사활동OUTREACH에 대하여 생각하십시오. 봉사활동의 형태는 대상에 따라, 시기에 따라 매일매일 다르게 진행될 수 있어야 합니다. 사역 시간에 진행할 수 있는 몇 가지 예들은 다음과 같습니다.

- 앞으로 방문하게 될 불신자들을 위해 기도하기
- 사교 모임을 준비하기

- 소그룹의 번식을 계획하기
- 소그룹에서 다음 번에 할 봉사활동을 미리 결정하기(저녁 식사 대접하기, 비디오 상영하기, 소풍 등)
- 불신자의 가족을 위해 기도하기

 전략

봉사활동의 좋은 예

- 모임 안에 특별한 손재주가 있는 사람은그것으로 이웃에게 봉사하십시오.
- 지역의 노인정을 방문하여 봉사활동을 펼치십시오.
- 10대 약물중독 방지법에 대한 정보를 제공하는 모임을 만들어 봅시다.
- 새로 이사 온 이웃을 위해 잔디를 깎아줍시다.

전도를 계획할 때 소그룹 내에서는 아래와 같은 대화가 이루어질 것입니다.

소그룹 리더 : "존, 다음 주에 누구를 초청할 계획인가요?"

존 : "옆집에 사는 가족들을 초청하려고 합니다."

소그룹 리더 : "좋습니다. 존의 이웃들이 초청에 응할 수 있도록 다같이 기도하겠습니다."

소그룹 리더 : "줄리엣, 당신은 다음 주에 누구를 초청할 생각인가요?"

모임의 리더는 그룹원들에게 서로의 계획과 성공을 위해 기도하자고 요청해도 좋습니다.

"두 달 내에 시작될 새로운 번식을 위해 기도합시다. 또한 마지막 훈련 과정을 마치고 새로운 소그룹 모임을 만들어 나가야 할 프랭크를 위해 기도합시다."

이 사역(전도) 시간 동안 여러분은 공동의 사회봉사활동을

불신자 초청하기

Q : 우리 소그룹 모임에는 그룹원들이 8명 나오고 있습니다. 이들은 대부분 하나님을 영접한지 꽤 오래된 분들입니다. 그런데 문제는 이들이 불신자들에게 다가가려 하지 않는다는 것입니다. 어떻게 해야 좋을까요?

A : 제 생각에는 그들이 자신들의 모임을 너무 좋아하는 것 같습니다. 그래서 다른 이들이 끼어들면 자신들의 공동체가 무너지지는 않을까 두려워하는 것이지요. 그들에게 공동체를 유지하기 위해서는 불신자들에게 적극적으로 다가서야 한다고 설명해 주십시오. 새로운 생명을 정기적으로 참여시키지 못하는 소그룹 모임은 물을 주지 않은 나무처럼 말라 죽습니다. 어떤 소그룹이 기존의 그룹원들만 유지하려고 애쓴다면, 생명을 주시는 성령님의 능력이 떠나고 그 소그룹은 시들어갈 것입니다.[4]

계획하고 실천하기 위한 준비를 할 수 있습니다. 저는 소그룹 모임이 사람들의 물질적 필요를 채워 줄 수 있는 가장 좋은 시스템이라고 확신합니다. 그러므로 소그룹 모임은 불신자들의 마음에 깊이 다가갈 수 있는 독특하고, 효과적인 방법을 사용해야 합니다. 신약교회는 사람들의 필요에 집중하는 필요중심적 모임의 전도로 성장하였습니다. 하나님께서는 이러한 활기찬 봉사활동을 하는 교회를 원하십니다.

• **평가질문** : 예수님께서 우리를 통해 다른 이들에게 사역하고 계십니까?

소그룹으로 이웃에게 다가가는 방법

각 소그룹은, 어려운 처지에 있지만 교회로부터 도움을 받지 못하는 사람들을 다음과 같이 도울 수 있습니다. 생일이나 특별한 날에 카드를 보낼 수도 있고, 한달에 한번 정도 방문하여 그들과 식사를 함께할 수도 있습니다. 또한 적절한 때를 골라 가족끼리 만남을 가질 수도 있습니다. 만약 도와주어야 할 사람들이 너무 많다면 한 사람씩 분담하여 도와줄 수도 있습니다.[5]

- **다른 아이디어** : 실직자 가정 방문, 부랑아들 돌보기, 고아원 방문 등과 같은 방법으로 지역사회 공동체에 다가가기

봉사활동 진행 전략의 사례

스티브 쇼그린Steve Sjogren의 책 《자연적 전도Conspiracy of Kindness》(NCD)는 소그룹 봉사활동의 뛰어난 예들을 소개하고 있습니다.

- 무료세차권을 가지고 다니며 이웃에게 나누어 줍니다.
- 공원 청소에 동참하고, 화재경보기의 건전지를 무료로 교환해 줍니다.
- 자전거 전용도로에서 자전거 타이어 공기를 점검하고 압력도 조정해 줍니다.
- 공원에서 즉석사진을 무료로 찍어 줍니다.

사람들이 왜 이런 일들을 하냐고 물으면 다른 말은 덧붙일 필요없이 "이것은 하나님의 풍성하신 사랑을 표현하는 우리의 방법입니다"라고만 대답하십시오.

| 사람들이 '세움'을 받았는가?

이 장 처음에서 언급했던 모니카의 이야기로 되돌아가 봅시다. 소그룹원들과 함께 모니카의 이야기를 들어주고 대화를 나눈 후, 나는 죄에서 우리를 구원하시는 하나님의 능력과 성령 충만에 대해 이야기할 필요를 느꼈습니다. 우리는 성경에서 우리 안에 충만함으로 임재하시고자 하는 성령님의 의지에 대해 언급한 부분들을 살펴보았습니다. 그리고 다같이 무릎 꿇고, 평화의 왕이신 하나님이 우리 안에 충만함으로 임하시기를 간구하면서 학습을 마쳤습니다.

나와 내 아내는 돌아가면서 모니카, 프랭크, 캐시에게 각각 손을 얹고 그들이 성령충만을 받을 수 있도록 해달라고 기도했습니다. 모임이 끝난 후 프랭크가 불쑥 말하더군요. "그 말씀이 내게 꼭 필요한 것인지 어떻게 아셨나요? 그것은 바로 나를 위한 말씀이었어요!"

'세움'은 글자 그대로 성장과 세우는 것을 의미합니다. 바울은 고린도교회에 다음과 같이 말했습니다.

> "그런즉 형제들아 어찌할꼬 너희가 모일 때에 각각 찬송시도 있으며 가르치는 말씀도 있으며 계시도 있으며 방언도 있으며 통역함도 있나니 모든 것을 덕을 세우기 위하여 하라"(고전 14:26).

모임을 진행하는 데 있어 4W를 적절히 사용하는 것은 중요

소그룹에서 '세움'의 실제적인 단계

- 소그룹 리더는 모든 부분에 있어서 투명해야 하며, 다른 이들이 따르고 싶어할 정도로 모범을 보여야 합니다.
- '세움'을 필요로 하는 사람들을 위해 안정된 분위기를 조성합니다.
- 소그룹원들에게 다른 이들을 세우기 위해 하나님의 쓰임을 받는 그릇이 되라고 요구하십시오.
- 하나님을 의지하여 '세움'을 받을 한 사람을 지정하십시오.

한 문제입니다. 그러나 그러한 형식이 전부가 아님을 깨달아야 합니다. 바로 '세움'이 우리가 소그룹을 인도하는 목적이 되어야 하는 것입니다.

성공적인 소그룹 모임은 모든 사람들이 '세움'을 받고 믿음 안에서 용기를 얻는 곳이 되어야 합니다. 성공의 기준은 여러분이 4W를 완수했느냐 못했느냐에 있는 것이 아니라, 그 소그룹 안에 그리스도의 몸이 세워졌느냐 그렇지 못했느냐에 있습니다.

| 예수님께 집중하라

소그룹 모임은 예수님에게 초점을 두어야 합니다. 어떤 이들은 소그룹 모임이 성경공부 모임으로, 다른 이들은 복음전도 모임으로, 또 다른 이들은 찬양 모임으로 바뀌길 원합니다. 또한 누군가 열정적인 예언으로 모임을 이끌지 않으면 그 모임은 소그룹이 아니라고 생각하는 사람들도 있습니다. 그러나 그런 것들보다 더 중요한 것이 있습니다.

소그룹 안에서 예수님을 높이십시오. 그분을 중심으로 모임

매주 변화하는 소그룹 모임

테구시갈파Tegucigalpa에 있는 '사랑이 숨쉬는 교회The Love Alive Church'의 '온두라스Honduras'는 소그룹 리더에게 각 주의 모임 순서를 획일적으로 하지 말고 창조적으로 다양하게 바꾸어 달라고 요구합니다. 그 이유가 뭐냐고요? 모임이 단조로워지는 것을 피하고 그 모임에 참가하는 사람들의 창조성을 극대화하기 위해서입니다.

을 이끌어가십시오. 그러면 예수님은 여러분의 모임 안에서 성경공부, 찬양, 복음전도 그리고 교제가 적절하게 안배되어 놀라운 조화와 균형이 이루어지게 하실 것입니다. 일부러 계획하지 않더라도 한 주는 말씀에 더 많은 시간을 보내게 되고, 그 다음 주는 경배나 복음전도에 더 많은 시간을 할애하게 되는 식으로 말입니다.

> "그런즉 형제들아 어찌할꼬 너희가 모일 때에 각각 찬송시도 있으며 가르치는 말씀도 있으며 계시도 있으며 방언도 있으며 통역함도 있나니 모든 것을 덕을 세우기 위하여 하라"(고전 14:26).

4W는 꼭 지켜야하는 법칙이 아니라는 것을 명심하시기 바랍니다. 그것은 여러분이 예수님께 더욱 집중하도록 하고, 모임의 참여를 극대화하는 길잡이일 뿐입니다. 예수님께 집중하십시오. 여러분의 모임이 균형 잡힌 소그룹으로 변화할 것입니다.

질서정연한 소그룹 진행 시간표가 그 소그룹의 성공을 보장하지는 않습니다. 그러나 그것은 나눔, 경배, 말씀, 사역(전도)과 같은 소그룹의 필수 가치들을 연결시켜줄 것입니다. 모든 것을 감싸는 손 같이, 검증된 구조는 소그룹에 지속성과 분명한 목적을 제공할 것입니다.

그러므로 다음의 사실들을 기억하십시오.

사람들이 몰려오는 소그룹의 진행 형태

• 환영 : 관계 형성

• 경배 : 하나님의 임재에 들어감

• 말씀 : 하나님의 말씀을 생활에 적용함

• 사역(전도) : 다른 사람에게 다가감

소그룹 모임 점검해 보기

• 그룹원들이 하나님을 의지함으로 '세움'을 받았습니까?

• 그 모임의 중심에 예수님이 계시고, 그분께 영광을 돌리고 있습니까?

03

소그룹을 지탱하는 다리

-다른 이들을 격려함-

다리는 몸 전체를 지탱하며 걷고, 달리며, 높이 뛸 수 있게 합니다.
소그룹 모임에서 그룹원들을 격려함으로써
그룹원들은 영적 근육을 단련하고 하나님의 말씀을 삶에 적용하며
다른 이들에게 사역하도록 '세움'을 받을 수 있습니다.

프레드는 일주일 내내 성실하게 목요일 소그룹 모임을 위한 준비를 했습니다.[1] 그당시 나는 소그룹 사역에 대해 알고 있는 것이 전혀 없었습니다. 그래서 그날 모임에서 성경주석, 주석자의 견해, 예화 등으로 이루어지는 성경공부를 기대했습니다.

내가 놀란 것은, 그날 밤 진행자는 프레드였음에도 불구하고 그는 거의 말을 하지 않았다는 것입니다. 그런데도 그는 능숙하게 우리에게서 토론을 이끌어 냈습니다. 모임 내내 프레드는 성경본문을 꼼꼼히 살펴보기는 했지만 그는 우리 스스로 성경에서 보물을 캐내도록 인도했습니다. 프레드는 우리가 성경본문을 더욱더 깊이 찾아볼 수 있게 하는 질문들을 퍼부었습니다.

나는 그날 성경공부를 하면서 느낄 수 있었던 참여의 능력에 대해 새롭게 깨닫고 집으로 돌아왔습니다. 프레드를 통해 성실한 학습 준비와 열린 나눔은 상호배타적인 것이 아니라는 사실을 깨닫게 된 것입니다.

프레드는 우리 스스로 하나님의 말씀을 깨닫도록 소그룹을 격려하였습니다. 몸을 지탱하고 세우는 강한 다리처럼 프레드는 격려가 어떻게 소그룹원들의 참여를 북돋우는지 모범을 보였습니다.

수년 후에 나는 다른 소그룹 모임을 우연히 방문하게 되었습니다. 학습 시간 내내 그 모임의 리더는 수많은 헬라어들을 줄줄 외워댔습니다. 그 모습을 바라보면서 나는 '그녀는 지금 자기의 지식으로 나를 감동시키려는 걸까?'라는 생각밖에 들지 않았습니다. 그녀는 혼자서만 자유롭게 성경주석을 인용하고, 학습 시간의 90%를 그룹원들에게 지식을 가르치는 데 사용하고 끝내버렸습니다.

물론 다른 그룹원들이 자기의 의견을 말하려고 하면 아쉬워하며 발언권을 넘길 때도 있었습니다. 그러나 곧 그녀는 권위적인 목소리로 그들의 말을 잘라버렸습니다. 나는 그 소그룹의 그룹원들이 너무나 불쌍했습니다. '리더의 권위에 억눌려 있는 가엾은 사람들 같으니라고…. 이들은 자신의 영혼을 드러내서 서로 함께 나누기를 꺼려하고 있군….'

🔖 통찰 🏃

그룹 참여

'죠지 갤럽'과 함께 미국의 소그룹에 대한 설문조사 업무를 수행하는 '로버트 우드노Robert Wuthnow'에 따르면 그룹의 역동성에 민감하게 반응하며, 토론을 이끌어낼 줄 알고, 그룹원들을 격려하며, 토론의 중심이 되기보다는 주변에서 토론이 부드럽게 진행되도록 도울 줄 아는 것이 최고의 소그룹 리더가 가지는 덕목이라고 합니다.[2]

설교나 가르침을 지양하는 격려자

1981년 여름, 나는 성경학교의 마지막 학기 등록금을 벌기 위해 약간 색다른 일을 하게 되었습니다. 캘리포니아 롱비치에 있는 나의 모#교회의 목사님께 연락을 드려 내가 성경공부를 인도해도 될지 여쭤어본 것입니다(나는 그때 성경학교에서 새롭게 배운 지식을 자랑하고 싶어 안달이 나 있었습니다).

그 결과 매주 화요일 밤마다 나는 교회 안에 있는 작은 서점에 사람들을 모아 하나님의 말씀을 가르칠 수 있게 되었습니다. 모든 것이 서툴렀던 나는 호응을 이끌어내는 질문도 준비하지 않았고, 사람들이 적극적으로 참여하리라고 기대도 하지 않았습니다. 그럼에도 그해 여름 몇 달 동안, 주일 아침에도 몇 번의 설교를 할 기회가 주어졌습니다.

하나님께서는 많이 서툴고 철부지 같았던 나에게 이제 막싹이 나기 시작한 은사를 사용할 수 있는 기회를 주셨던 것입니다. 대부분의 목회자들은 가르침과 설교의 은사를 받습니다. 할 수 있는 한 그런 은사를 사용할 수 있는 기회를 찾으십시오.

하지만 소그룹 모임은 그런 경우가 아니라는 사실을 명심하시기 바랍니다. 여러분이 소그룹에서 할 일은 일방적으로 외치는 설교나 가르침이 아니라 그룹원들이 적극적으로 참여하여 서로 나눌 수 있도록 북돋워주는 것입니다. 소그룹 모임은 성경지식을 '개인적인 삶에 적용하는 것'에 집중해야 합니다. 이것은 단순히 정보를 듣고 아는 차원이 아니라 더 깊이 파고드는 것을 요구합니다. 소그룹 모임은 고백, 내적 치유, 진실한 나눔 그리고 거듭남이 일어나는 시간인 것입니다.

1998년 한달 동안 나는 서로 다른 두 개의 젊은 직장인 소그룹 모임을 방문하게 되었습니다.

그중 한 모임은 그룹원들끼리 매우 친밀하며, 영적으로 서로 세워주는 훌륭한 모임이었습니다. 그 모임에서 아이스 브레이크는 아주 자연스럽게 이루어졌고, 무관심의 벽을 깨뜨려 서로를 더 잘 알도록 도와주었습니다.

경배 시간의 찬양들은 우리를 하나님의 임재로 인도하였고 하나님만을 향한 깊은 갈망에 더욱더 빠져들게 만들었습니다. 소그룹의 리더는 소그룹 학습에 각 소그룹원들이 참여하도록 인도할 줄 알았고, 그룹원들은 모두 함께 하나님의 말씀을 탐구하였습니다.

기도 시간에 각 사람들은 자신의 필요를 표현하고 다같이 기도했습니다. 모임이 끝난 후 소그룹원들은 간식 탁자에 둘러앉아 즐겁게 이야기하며 친교를 나누었습니다.

그러나 다른 한 모임은 분위기가 전혀 달랐습니다. 그 그룹의 리더는 남을 배려할 줄 모르고, 다른 이들을 섬기는 데 인색한 사람이었습니다. 그는 아이스 브레이크를 짧게 끝내 버렸고, 그룹원들은 의기소침해 보였습니다. 경배 찬양 후에 우리는 성경을 펼쳤습니다. 리더는 한 손에는 성경을, 다른 한 손에는 원고 같아 보이는 종이를 들고서 혼자 40분 동안 발언을 독차지하며 토론을 진행했습니다.

나의 마음은 모임 시간 내내 얌전히 앉아 듣기만을 강요당하고 있는 젊은이들에 대한 슬픔으로 가득 차 올랐습니다. 그 모임의 리더는 혼자 질문하고 혼자 대답하였으며, 심지어는 마지막 기도 시간조차도 혼자 주도했습니다.

대부분의 사람들이 그런 것처럼 이 리더도 자신의 목소리를 높이는 것을 좋아하는 사람이었던 것입니다. 모임이 진행되는 동안 나는 몇 번이나 모임에 끼어들어 그곳을 활기찬 토론의 장으로 만들고 싶은 충동에 사로잡혔습니다. 그렇지만 소그룹 리더를 당황하게 만들고 싶지 않았기 때문에 참을 수밖에 없었습니다. 그날밤 나는 그 모임에서 '억눌려 있는 영혼'들을 느낄 수 있었습니다.

| 다른 사람을 세우는 격려

 사전

격려의 동의어

도움, 보조, 조력, 편하게 함, 쉽게 함, 세움, 원활하게 함, 부드럽게 함, 가능하게 함

'격려'의 원래 뜻은 '쉽게 만드는 것'입니다. '격려'는 소그룹 원들이 하나님과 서로를 즐길 수 있도록 세워주는 리더의 덕목 중 하나입니다. 리더는 소그룹 모임에 대해 주인 노릇을 하는 사람이 아니며, 격려란 매순간 소그룹원

들에게 헌신하면서 그들의 발을 씻기는 것입니다.[3]

소그룹에서 할 수 있는 격려는 그룹원들이 그들 마음에 있는 것을 거리낌없이 말할 수 있도록 격려해 주는 것입니다. 리더는 그룹원들의 말을 적극적으로 경청함으로써 그룹원들이 서로를 세우도록 부드럽게 격려합니다. 소그룹의 목표는 서로를 세움으로 다른 이들을 강하게 하는 것입니다.

토론이 이루어질 때 리더는 다음과 같이 물어보아 사람들을 격려할 수 있을 것입니다.

"나머지분들은 어떻게 생각하십니까?"

이렇게 물어봄으로써 모임의 모든 구성원들은 그 주제에 대한 자신의 생각을 말하거나 새로운 주제를 말할 수 있게 됩니다. 모든 그룹원들이 차례대로 한 마디씩 말한 후, 리더는 그룹의 의견을 요약할 수 있습니다.

교실에서의 의사소통은 교사와 학생 사이에서 질문과 대답으로 이루어집니다. 교사는 지식을 전달하고 학생들은 그것을 받아 적습니다. 그러나 소그룹에서의 의사소통은 모든 구성원들 사이에서 자유롭게 이루어집니다. 소그룹원 중의 누구라도 다른 그룹원

🔳 통찰 🏃

셀리스 코미스키Celyce Comisky 의 소그룹 모임

"나는 도저히 그들의 말을 멈추게 할 수가 없었어요." 내 아내가 젊은 부모들을 위한 그녀의 소그룹 모임에 대해 돌이켜 보면서 나에게 말했습니다. "모든 사람들이 자신의 개인적인 문제를 나누고 싶어했어요. 그리고 저는 그것들을 성경으로 끌어오기가 너무 힘들었답니다. 그만큼 함께 나누고 싶어하는 사람들의 욕구가 컸다는 얘기예요."

에게 자신의 의견을 직접 말할 수 있는 자유가 있습니다. 리더들은 교실의 교사와는 달리 그룹원들 사이에서 벌어지는 대화를 단순히 관찰만 하기도 합니다.

그룹에서 '격려자'의 역할을 해야 할 리더는 독단적으로 말하기만 해서도 안 되지만 수동적으로 듣기만 해서도 안 됩니다. 격려자는 그 두 극단의 위험으로부터 자유로워야 하며, 건강한 밸런스를 유지해야 합니다. 또한 격려자는 다른 그룹원들과 교제하며 개인적인 경험을 나눔으로써 그룹 내에서 투명성의 모델이 되어야 합니다.

 사전

귀납적 성경공부

귀납적 성경공부는 주석이나 전문가의 설명을 단순히 받아들이는 것이 아니라, 각 개인이 성경구절의 명확한 뜻을 찾아내고 결론을 도출해내는 것을 말합니다.

앞의 예화의 프레드와 같이, 성실한 '격려자'는 말씀을 탐구할 때 소그룹원 스스로 하나님의 보배를 발견하는 데 중점을 둡니다. 그들은 귀납적 성경공부의 기초를 잘 알고 있으며, 이런 리더가 있는 소그룹 모임에서는 그룹원들의 참여가 적극적이고 활기차게 일어납니다.

| 격려자에게는 '감독'이 필요하다

내가 처음으로 소그룹 모임을 인도했을 때, 나는 대형교회에 속해 있었습니다. 당시 그 교회의 소그룹 리더들을 담당하시는 목사님은 예비 성경공부 리더에게 그들이 소그룹을 어떻게 인도할지 가르쳐 주고 있었습니다. 하지만 나는 이미 소그룹을 맡고 있었고, 그 사실을 안 목사님은 나에게 더 이상의 가르침을 주지 않았습니다.

결과적으로 나는 리더가 꼭 받아야 할 돌봄, 훈련, 학습 준비 같은 도움을 받아보지도 못하고 가정교회—때로는 30~40명이 참가하는—와 같은 역할을 하는 독립적인 소그룹을 운영하게 되었던 것입니다.

📋 사전

가정교회 vs 셀교회

• **가정교회**: 20~40명 정도가 매주 함께 모이는 공동체 모임으로 독립적입니다. 소수의 가정교회가 지역교회의 협력사업에 함께하거나 속해 있긴 하지만, 많은 경우 그들 자신을 넘어서는 다른 진보된 구조를 만들지 못합니다.

• **셀교회(소그룹 모임)**: 소그룹 모임은 지역교회에 밀접하게 연결되어 있습니다. 소그룹에 참여하는 이들은 그 지역교회의 주일예배에도 참석하게 되고 지역교회에 나가는 사람들은 소그룹에 참석하게 됩니다.

그 당시 나는 성령을 억누르는 것을 좋아하지 않았고, 성경공부를 미리 준비하는 일은 별로 영적인 일이 아니라고 생각했습니다. 그래서 나는 모임을 시작하기 전에 간단히 기도를 드리고 오늘의 소그룹 모임을 위한 하나님의 말씀만을 받았습니다. 그리고 학습 시간에는 하나님이 부족한 내 입을 채우시리라는 소망을 가지고 그룹원들을 인도했습니다. 하나님은 물론 나의 입을 채워 주셨지만, 가끔은 이미 지난 시간에 했던 내용들을 다시 반복하기도 했습니다.

그러던 어느날, 나의 절친한 친구이자 동료 리더인, 밥 버치 Bob Burtch가 모임이 끝난 후 나를 옆으로 데려가, 결코 잊을 수 없는 한마디를 던졌습니다.

"조엘, 너는 많은 재능과 능력이 있지만 성경을 가르치는 능력은 갖추지 못한 것 같아."

결과적으로 저는 저의 상태를 점검하고 지도해 줄 감독도 없이 광야에 홀로 던져진 존재와 같은 상태로 사역하고 있었던 것입니다.

리더가 소그룹 모임을 성공적으로 이끌어가기 위해서는 그를 감독해 줄 사람이 필요합니다. 만약 여러분이 지금 소그룹 모임을 인도하고 있다면 누군가에게 여러분을 관찰하고 지켜봐 달라고 부탁하거나, 여러분의 담임목사님과의 정기적인 만남을 마련하십시오.

소그룹 리더는 자신보다 더 많은 경험을 가진 리더들과 교제해야 할 필요가 있습니다. 전 세계적으로 성장하고 있는 셀교회로부터 배우십시오. 그런 교회들은 절대 소그룹 리더가 홀로 사역하게 내버려 두지 않고, 그들 곁에서 감독하고 지속적으로 만남을 갖습니다.

| 격려는 인도하면서 배우는 것이다

오랫동안 사용하지 않은 못은 서랍 속에서 녹이 슬어 더 이상 쓸 수 없게 됩니다. 이처럼 여러분이 하나님께로부터 받은 은사와 재능을 사용하지 않으면 썩고 맙니다.

경마의 세계를 꿈꾸던 한 농부가 있었습니다. 그래서 그 농부는 아름다운 경주마를 한 마리 사서 매일 씻어주고 손질하며 보살폈습니다. 그러나 그는 한 가지 실수를 저질렀습니다. 경주마를 너무 아낀 나머지 훈련을 시켜야 한다는 사실을 간과한 것입니다.

그 농부는 말이 쇠약해질까 두려워 훈련도 시키지 않고, 농장일도 시키지 않았습니다. 대신 충직한 노새에게 농장의 잡일들을 시켰습니다. 결국 경기 출전일이 되었을 때, 그의 아름다운 말은 경기에 참가할 수 없었습니다. 왜냐하면 너무 오랫동안 근육을 단련시키지 않아 근육의 탄력이 떨어지고 운동 기능은 감퇴되었기 때문입니다.

결국 농부는 경주마가 아닌 노새를 경마에 참가시키는 수밖에 다른 도리가 없었습니다.

어떤 경기에 참가하려고 기다릴 때 옆선 밖에 앉아 구경만 하지 마십시오. 열심히 연습하고 움직이십시오. 사람들은 배운 것을 연습하는 도중에 그것을 익히게 됩니다.

어떤 사람들은 리더가 되기 위해서는 자신이 성경을 실제로 잘 알게 될 때까지 기다리는 것이 최상의 방법이라고 생각합니다. 나는 그런 사람들에게 "그렇게 앉아서 기다리기만 해서는 절대 성경지식을 충분히 얻을 수 없습니다. 유명하고 성경을 가르치는 데 능숙한 성경교사도 계속해서 성경에 대해 배우고 익힙니다"라고 말해줍니다.

또 어떤 이들은 모든 질문에 대답할 수 있을 만한 준비를 갖

 사전

소그룹 리더의 다양한 은사들

8개 국가에서 700여 명의 소그룹 리더들에게 실시한 설문조사 결과를 놓고 볼 때, 자신의 그룹을 번식시킨 리더와 그렇지 못한 리더들이 가진 은사들 사이의 차이점은 거의 찾아볼 수 없었습니다. 그들이 답한 '자신에게 있는 은사'의 종류와 비율은 다음과 같습니다.

- ▶ 가르침 25.1%
- ▶ 리더십 20.3%
- ▶ 복음전파 19.0%
- ▶ 목양 10.6%
- ▶ 자비 10.6%
- ▶ 기타 14.4%

위의 결과를 살펴보면 특별히 더 중요하다거나 뛰어난 은사는 없습니다. 소그룹 모임을 잘 번식시킨 사람과 그렇지 못한 사람을 구별짓는-예를 들어, 복음전파 은사의 차이가 있다거나 하는 식으로-은사는 하나도 없습니다. 또한 자비의 은사를 가진 리더보다 가르침의 은사를 가진 리더가 소그룹을 번식시킨 것도 아니었습니다.

출 때까지 기다려야 한다고 생각합니다. 나는 그런 사람들에게는 "당신이 모든 질문에 답해야 할 필요는 없습니다"라고 말해줍니다. 나는 그룹원들이 어려운 질문들을 해오면 이렇게 말합니다. "이 질문에 어떻게 대답해야 할지 저도 잘 모르겠습니다. 그러나 제가 이번 주 내로 해답을 찾아 다음 모임 시간에는 꼭 알려드리도록 하겠습니다."

이렇게 겸손한 자세는 여러분과 소그룹원들 사이에 신뢰를

통찰

사람들이 소그룹을 인도하지 않을 때 하는 변명들

- **변명 1 : "시간이 없어서…."**
  우리 모두는 하루 24시간, 똑같은 시간을 가집니다. 문제는 시간이 없는 것이 아니라 그것을 어떻게 투자하느냐에 달려 있는 것입니다.
- **변명 2 : "훈련을 받지 못해서…."**
  소그룹 인도의 기본적인 전제조건은 다음과 같습니다.
  - 예수님 사랑
  - 말씀 사랑
  - 이웃을 섬기고자 하는 소원
  소그룹 리더들은 결코 자신이 충분한 지식이나 능력을 가지고 있다고 생각하지 않습니다. 모든 소그룹 리더들은 성장하고 배우는 중입니다.
- **변명 3 : "아직 주 안에서 충분히 성숙하지 못해서…."**
  여러분의 믿음이 아직 어리다고 생각된다면, 예수님을 섬기고자 하는 소망을 가지고 그분을 갈망하시기 바랍니다. 소그룹을 인도하는 것은 여러분의 영적성장에 중요한 디딤돌을 제공할 것입니다.

만들어 줍니다. 다음 모임이 돌아오기 전까지 여러분은 열심을 다해 성경을 연구하고 주석을 읽고 공부하십시오. 그리고 문제가 생기면 당신이 감독을 부탁한 사람이나 목사님을 찾아가 도움을 청하십시오.

| 격려를 위해 필요한 두 가지 요소

소그룹을 인도하기 위해 필요한 기술들은 무엇이 있을까요? 여러 가지가 있을 수 있겠으나 여러분이 소그룹을 제대로 운영하고 싶다면 적어도 이 두 가지는 꼭 가지고 있어야 합니다. 그 두 가지는 모든 율법과 선지자의 완성, 곧 '하나님 사랑'과 '이웃 사랑'입니다. 모든 소그룹 리더들은 '하나님 사랑'과 '이웃 사랑'이라는 두 가지 성품을 풍부하게 소유하고 있어야만 합니다.

1) 하나님을 향한 신실한 사랑

예수님은 그의 제자들에게 "네 마음을 다하고 목숨을 다하고 뜻을 다하고 힘을 다하여 주 너의 하나님을 사랑하라"고 말씀하셨습니다(막 12:30). 이 세상의 그 어느 누구도 하나님 아버지를 온전히 사랑할 수는 없습니다. 그러나 중요한 것은 바로 이것입니다.

"우리와 예수님과의 사랑의 관계가 매일 성장하고 있는가?"
"우리가 매일 그분과 사랑의 편지를 나누고 있는가?"
하나님은 매일 사랑이 성장하는 사람을 쓰십니다.

2) 이웃을 향한 신실한 사랑

예수님은 또 다음과 같이 말씀하셨습니다. "둘째는 이것이니 네 이웃을 네 몸과 같이 사랑하라 하신 것이라 이에서 더 큰 계명이 없느니라"(막 12:31). 사람들이 즐겨 쓰는 말 중에 이런 말이 있습니다.

"당신이 얼마나 많이 그들을 보살피고 관심을 갖는지care 그들이 깨달을 때까지 그들은 여러분이 얼마나 많이 알고 있는지 신경쓰지care 않습니다."

소그룹 리더로서의 성공은 여러분이 그 구성원들을 얼마나 사랑하느냐에 달려 있습니다. 하나님께서는 다른 어떤 것보다 다른 사람을 돌볼 줄 아는 리더를 사용하십니다. 이웃들을 아끼고 사랑할 줄만 안다면 누구나 성공적인 소그룹 리더가 될 수 있습니다.

| 격려할 때 기억해야 할 것

앞에 말했던 프레드를 기억하십시오. 그는 그룹원들을 격려하기 위해 열정적으로 성경을 연구하고, 모임을 준비했습니다. 그는 그룹원들에게 그들의 삶에 성경을 적용할 수 있는 기회를 제공함으로써 사람들을 세워주었습니다.

프레드와 같은 '격려자'는 소그룹 모임이 교회봉사의 하나로 바뀌는 것을 원하지 않습니다. '적용 지향성', '성경관련 질문', '경청하는 귀', '사랑의 관심' 등은 모두 훌륭한 '격려자'들이 빚어내는 작품입니다.

우리의 다리는 몸의 나머지 부분을 지탱합니다. 이처럼 '격려'의 기술은 그룹원들을 도와주고 격려합니다. 성공적인 소그룹 리더는 배운 것을 함께 나누고 그들의 삶에 적용하게 함으로써 사람들을 세웁니다.

그러므로 다음의 사실들을 기억하십시오.

- '격려'는 일방적인 설교와 가르침을 거절합니다.
- '격려'는 다른 이들을 세워줍니다.
- '격려'는 감독의 지도가 필요합니다.
- '격려'는 직접 인도하면서 배웁니다.

'격려'를 위한 2가지 필수적인 자질
- 하나님을 향한 신실한 사랑
- 이웃을 향한 신실한 사랑

04

열린 영혼
-솔직하고 투명한 나눔-

영혼이란 신체의 나머지 부분으로 들어가는 입구입니다.
그것은 우리의 실존을 반영하는 영적인 부분입니다.
훌륭한 소그룹 리더들은 그들의 영혼을 가식과 겉모양 뒤에 숨기지 않습니다.
그들은 그룹의 구성원들과 정직하고 친밀한 교제를 나눕니다.

열린 영혼
: 솔직하고 투명한 나눔

📖 사전

통로Entryway의 동의어

문, 입구, 접근, 접근이 쉬움, 다가가
는 수단

어느날 형 앤디가 나에게 이렇게 말했습니다.

"조엘, 너에게는 다른 사람들이 너의 삶으로 들어갈 수 있는 통로가 거의 없구나. 너는 언제나 남에게 괜찮게 보이려고 하는 경향이 있어. 항상 최선의 결과만을 얻으려 하고 말야. 그래서 사람들이 너에게 다가가길 어려워하는 것 같아."

형의 따끔한 충고는 내 문제의 본질을 꿰뚫는 예리한 것이었습니다.

앤디는 솔직하고 투명한 생활이 얼마나 중요한지 잘 알고 있었습니다. 하나님은 24년 전, 그를 동성애로부터 구원하셨습니다. 지금 앤디와 그의 아내 안넷은 다른 사람들이 성에 대한 문제들을 극복할 수 있도록 도와주는 일을 하고 있습니다. 그 일을 함으로써 앤디는 하나님이 그에게 내려주신 축복의 은혜를 찬미하는 것입니다.

다른 이들의 성문제를 도와준다는 것은 과거에 있었던 그의 일들을 남들과 함께 나누어야 한다는 것을 의미합니다. 앤디는 자신의 경험을 솔직하고 진실하게 나눔으로써 다른 사람들에게도 하나님의 은혜가 임하도록 돕습니다.

앤디는 내게도 이러한 방법으로 도움을 주었고, 결국 나로 하여금 다른 사람들이 들어올 수 있는 통로를 만들게 하였습니다.

성공적인 소그룹 리더들은 자신의 마음과 영혼을 열어놓고 다른 사람들이 그들의 실체를 볼 수 있게 합니다. 훌륭한 소그룹 리더들은 그들의 삶을 가식과 겉모양 뒤에 숨기지 않습니다. 자신의 연약함에 대해 솔직히 나눔으로써 강함을 얻을 수 있다는 사실을 그들은 알고 있기 때문입니다. 그래서 그들은 소그룹 내에서 좀 더 친밀한 대화가 이루어지도록 열린 통로를 만들어 둡니다.

내 절친한 친구 빌 맨함Bill Manham은 남들에게 자신의 모습 그대로를 보여주는 '투명성'을 지니고 있습니다. 빌의 주변 사람들은 그의 본모습을 알고 있기 때문에 빌과 함께 있으면 편안함을 느낍니다.

최근에 빌은 우리 집을 방문하여 2개의 사진을 보여주었습

통찰

외유내강外柔內强의 바울

하나님은 바울에게 이렇게 말씀하셨습니다. "내 은혜가 네게 족하도다 이는 내 능력이 약한 데서 온전하여짐이라"(고후 12:9).

니다. 하나는 그의 아들이 파도타기를 아주 멋지게 성공하는 사진이었고, 다른 하나는 빌이 파도타기를 하다가 곤두박질을 치는 사진이었습니다. 나는 거리낌없이 그런 사진을 보여주는 빌을 바라보며, '이러한 면이 빌의 성격을 잘 보여주는 예라고 할 수 있지'라고 생각했습니다.

빌은 자기에게 다가갈 수 있는 통로를 열어둠으로써 친구들을 사귑니다. 그는 일부러 다른 이들에게 감동을 주려고 하지 않습니다. 나는 빌이 자신이 이루어낸 것들에 대해 자랑하는 것을 한 번도 보지 못했습니다. 굳이 그러지 않아도 모두가 알고 있기 때문에 빌은 그럴 필요가 없었던 것입니다. 그의 주변에 있는 모든 사람들은 그를 존경하며 그의 리더십을 높이 평가합니다.

꾸밈이 없고 자신을 그대로 드러내 보이는 것, 이것이 바로 하나님 앞에 선 우리의 모습이어야 합니다.

> "지으신 것이 하나라도 그 앞에 나타나지 않음이 없고 오직 만물이
> 우리를 상관하시는 자의 눈앞에 벌거벗은 것같이 드러나느니라"
> (히 4:13).

사실, 다른 사람들을 위한 통로를 만들라는 이야기는 성경

에 없습니다. 그러나 하나님 앞에서 투명한 삶을 살아가는 것에
대한 이야기들은 많습니다.

| 길을 인도하라

소그룹 리더가 자신의 깊은 고뇌에 대해 그룹원들과 함께
나누지 않으면, 그 소그룹에서 '투명성'을 기대할 수 없습니다.
데이비드 호킹David Hocking은 이렇게 말했습니다.

"어떤 일이나 상황이 여러분이 원하던 대로 안 되었거나 잘못되었
을 때, 진심으로 사과하는 것과 자신의 실수를 인정하는 법을 배
우십시오. …성공 가운데 자신의 실수나 실패를 인정하는 것은 훌
륭한 리더라면 가지고 있어야 할
중요한 요소입니다.

그리고 사람들 앞에서 솔직하고
진실되게 행동하는 것을 배우십
시오. 그러면 그들이 여러분을
사랑하게 될 것입니다(아니면 여
러분들의 달라진 모습에 너무
충격을 받아 뒤로 넘어질지도
모릅니다)."[1]

만약 소그룹 리더가 그룹원들

통찰

자신을 있는 그대로
드러내는 것의 위험성

"신뢰는 우리가 다른 사람에게 받아들
여지기 쉬울 때 만들어집니다. … 우
리가 지지하는 것, 우리의 가치, 희망,
의도 등을 남들에게 드러내 보이는 것
은 우리 자신에 대한 정보를 공개하는
것을 의미합니다. 그것은 어떤 면에서
는 위험할 수도 있습니다."[2]

－코우제스(Kouzes)와 포스너(Posner)

에게 진실이 아닌 거짓된 모습으로 깊은 감명을 안겨주고 싶어한다면, 그룹원들도 그와 마찬가지로 행동하게 될 것입니다. 몇몇 리더들은 자신의 '투명성'을 향상시켜야 한다고 생각하고 나름대로 노력은 하지만, 오히려 남들에게 감명을 주고자 하는 과장된 나눔은 그룹원들의 마음에 와 닿지 않을 것입니다.

예를 들어 그런 리더들은 그룹원들에게 이렇게 말합니다.

> "예전에는 보통 기도하고 성경을 읽는 데 매일 2시간 정도를 투자
> 했습니다. 그런데 최근에는 1시간 밖에는 하고 있지 못합니다. 정
> 말 애쓰고는 있지만 잘 되지 않네요. 저를 위해 기도해 주시기 바
> 랍니다."

이런 이야기를 들은 사람들은 어떻게 반응하겠습니까?

"네, 맞아요. 정말 그녀를 위해 기도해 주어야겠네요."

그러나 이것은 그냥 형식적인 대답일 뿐입니다. 왜냐하면 보통 사람들은 하루에 15분 이상 기도하는 것도 힘들어하기 때문입니다.

다른 사람들과 고민거리를 함께 나눌 때, 그 주제가 꼭 심각하다거나 중요한 문제여야 할 필요는 없습니다. 우리가 매일 부딪히는 작은 문제들에 대해 함께 이야기해 보십시오. 예를 들어 여러분의 컴퓨터가 말을 안 듣는다거나, 춘곤증 때문에 힘들다거나, 일이 밀려 바쁘다거나 하는 일들 말입니다.

"아! 이번 주는 정말 힘들었어요. 일해야 할 것이 산더미처럼 쌓여 있는데 컴퓨터가 고장나서 하나도 끝내지 못했답니다. 일주일 내 내 컴퓨터를 붙잡고 씨름만 했다니까요."

이렇게 한번 말해 보십시오. 사람들은 있는 그대로의 당신과 관계를 맺고 싶어할 것입니다. 랄프 네이버는 자신을 있는 그대로 드러내는 것에 대하여 다음과 같이 말합니다.

"우리는 리더가 투명하게 열려 있는 만큼 그룹원들도 그렇게 된다는 사실을 발견할 수 있었습니다. 즉, 어느 누군가가 '투명성'을 가지고 자신을 있는 그대로 드러내는 위험을 감수하지 않는다면, 다른 소그룹원들도 그런 위험을 감수하려 하지 않을 것입니다. 문제는 '하나님이 우리 모두의 통로를 열고 우리를 있는 그대로 드러내게 하실 것인가' 하는 것입니다.

공동체 생활은 서로 관계 맺는 삶을 의미하며, 관계 맺는 삶은 위험을 감수하면서 있는 그대로의 진실을 투명하게 내보이는 것을 의미합니다."[3]

여러분들은 이렇게 말할 수도 있을 것입니다. "저는 아직 어떻

🔲🔲 통찰 🕴

첫번째 단계

여러분의 이야기를 먼저 하십시오. 종종 우리는 자신이 먼저 이야기하기보다는 다른 사람에게 질문하려고 하는 실수를 범합니다. 여러분이 먼저 자신의 개인적인 것들을 이야기함으로써 구성원들 사이에 신뢰가 쌓이게 되는 것입니다.[4]

게 해야 '투명성'의 모범을 보일 수 있는지 모르겠습니다. 어떻게 시작해야 하는 거죠?" 그룹원들에게 여러분의 삶 가운데 가장 약하고 아픈 곳에 대해 이야기하고 그것을 위해 기도해 달라고 하십시오. 자신을 있는 그대로 드러내야 하는 민감한 질문들을 그룹원들에게 던질 때, 여러분이 먼저 솔선수범하여 자신을 드러낸 후 질문하십시오.

서로에 대해 나눌 때 항상 고민거리, 두려운 것, 자신의 약한 부분에 대해서만 나눌 필요는 없습니다. 여러분의 소망과 앞으로의 계획에 대해 이야기해도 좋습니다. '투명성'은 다른 이들이 여러분의 포부, 꿈, 소망을 알도록 정직하게 자기 자신에 대해 말하는 것을 의미합니다.

 통찰

당신의 삶으로 들어가는 통로를 열어라

가까운 관계는 그만큼의 친밀함을 요구합니다. 하지만 다른 사람들에게 자신의 마음을 여는 것은 쉬운 일이 아닙니다. 왜냐하면 사람들은 자기에 대해 다른 사람들이 너무 많은 것을 알게 되면, 거부당할지도 모른다고 두려워하기 때문입니다.

| 다른 사람들에게 솔직하라

성령께 의지하지 않는 '교제'의 시간들은 서로에게 잘 보이고자 위장합니다. 그들은 서로에게 좋은 인상만을 심어주려 노력합니다. 반면, 진정한 그리스도인의 교제는 투명하고 진실합니다.

"…저가 빛 가운데 계신 것 같이 우

리도 빛 가운데 행하면 우리가 서로 사귐이 있고 그 아들 예수의 피가 우리를 모든 죄에서 깨끗하게 하실 것이요"(요일 1:7).

존 웨슬리John Wesley는 그의 셀교회를 성장시키기 위한 토대로 교인들 사이에 '열린 나눔'을 발전시켰습니다. 웨슬리는 죽을 때까지 약 만여 개의 소그룹 모임과 10만여 명의 소그룹 구성원들을 성장시켰습니다. 웨슬리의 소그룹 모임은 보통 한 시간 정도 진행되었습니다.

🔖 통찰 🕴

프랭크와 캐시의 사례

나흘 전에 집에 권총강도가 침입하는 큰 일을 겪었던 프랭크와 캐시가 소그룹 모임에 참석했습니다. 우리는 아이스 브레이크 시간을 건너뛰고 찬송을 몇 곡 부른 다음, 나머지 시간은 그들의 이야기를 듣는 데 보냈습니다. 우리는 아무런 조언도 하지 않고 그들의 이야기를 들어주었고, 프랭크와 캐시는 45분 동안 영혼의 짐을 풀어놓았습니다.

그중 가장 중요한 순서는 '영혼에 대한 보고'였습니다.[5] 모임은 찬송으로 시작하고 리더가 먼저 자신의 종교적 체험에 대해 이야기합니다. 그후에 리더는 그룹원들의 영적인 삶에 대해 질문합니다. 그러면 그들은 지난 주에 있었던 개인적인 일들에 대해 솔직하게 나눕니다. 웨슬리의 소그룹 모임은 '투명성'이 무엇인지를 보여주는 좋은 모델입니다.

소그룹 모임의 핵심은 솔직하고 정직한 나눔입니다. 이러한 '투명성'이 서로를 세워주고 격려하며, 막힌 담을 헐고 마음의 상처를 치유합니다. 뿐만 아니라 소그룹 안에서 경험하는 하나님나라의 기쁨과 그리스도의 임재를 통해 진정한 그리스도인으로 자라날 수 있게 됩니다.

| 서로의 잘못을 고백하라

"이러므로 너희 죄를 서로 고하며 병 낫기를 위하여 서로 기도하라 의인의 간구는 역사하는 힘이 많으니라"(약 5:16).

치유는 우리의 죄와 약함을 함께 나누고 서로를 위해 기도할 때 일어납니다. 낙심과 무기력함에 싸워 이길 수 있는 길은 서로에 대한 관심과 사랑뿐입니다.

"저는 회사에서 수천달러를 훔쳤습니다. 회사 사람들은 아직도 그 사실을 모르고 있어요." 낸시는 어느날 밤 소그룹 모임에서 이렇게 자신의 죄를 고백하기 시작했습니다. "사장님은 나를 진실로 믿고 아껴주셨는데 저는 그분을 배신했습니다. 지금 당장 회사에 가서 제가 한 일을 고백해야 한다는 것을 알고 있습니다. 필요하다면 감옥에 갈 각오도 되어 있습니다. 모든 죄를 고백하고 죄값을 치른다면 예수님께서 그곳이

통찰

소그룹에서 서로를 드러내는 것을 위한 조언

- 서로를 알아가십시오.
- 그룹원들 사이에 깨지지 않을 신뢰를 쌓아가십시오.
- 서로의 짐을 나눠지십시오.
- 서로에 대해 책임감을 가지십시오.

감옥이라도 저와 함께 계실 줄 믿습니다."

그녀는 다음 날 회사에 가서 회사의 경영진들에게 고백할 것이므로 우리에게 자신을 위해 기도해 달라고 했습니다. 우리는 그녀를 위해 기도함으로 그녀의 짐을 나누어졌습니다. 그리고 그다음 날도 그녀를 위해 기도하기로 했습니다.

다음 날 낸시는 내가 함께 가 준다면 마음에 큰 힘이 될 것 같다면서 동행을 부탁해 왔습니다. 그녀가 회사의 경영진들 앞에서 자백하는 모습을 지켜보면서 내 마음에는 말할 수 없는 감동이 가득 차 올랐습니다. "저는 6만 달러를 훔쳤습니다. 하지만 저는 이제 잘못된 것은 고쳐야 하는 믿음의 사람입니다. 무엇이든지 제 죄의 대가는 달게 받겠습니다. 감옥에 가라고 하면 갈 각오도 하고 왔습니다."

이것은 믿음이 없는 자들에게는 놀라운 고백이었습니다. 그들은 그녀의 진솔한 고백에 감동을 받았습니다. 그들은 법적인 조치를 원하지 않았고, 그저 횡령한 돈을 다시 돌려 놓기만 하라고 하였습니다. 심지어 그들은 그녀에게 계속 자신들의 동료로서 함께 일하고 싶다고 말하기까지 했습니다.

물론 모든 일에는 분별력이 요구되며, 그것을 하기에 적당한 시간과 장소 또한 필요합니다. 여러분 삶의 세세한 부분을 만나는 모든 사람들과 나눌 필요는 없습니다. 또한 서로 나눈 이야기들은 비밀이 보장되어야 한다는 사실은 여러분도 충분히 알고 있으리라 믿습니다. 그룹 안에서 나눈 것들은 절대 밖으로 새어 나가서는 안됩니다.

존 웨슬리 제자모임의 책임성

감리교 밴드 모임에서 각 사람들에게 물어본 질문들

- 지난 번에 만난 이후에 여러분이 지은 죄는 무엇입니까?
- 여러분이 겪었던 유혹은 무엇입니까?
- 여러분은 어떻게 구원받았습니까?
- 죄가 될 수도, 되지 않을 수도 있는 생각이나 말, 행동 등에는 무엇이 있다고 생각하십니까?

| 변화

'투명성'은 변화를 이끌어내야 합니다. 자신의 내면에 숨겨져 있는 갈등들을 드러낸다는 것은 곧 여러분에게 도움을 요청하는 것을 의미합니다. 그것은 "저를 위해 기도해 주세요", "도와주세요"라고 말하는 것이며, 따라서 그 그룹의 구성원들은 그러한 요청에 적절하게 반응할 수 있어야 합니다.

어느 젊은 부부가 서로에 대해 나누었습니다. "우리는 다툼을 그만두고 이제 서로를 이해하길 원합니다." 이러한 깊은 나눔은 진정한 변화를 소망하는 곳에서 생겨나는 것입니다. 소그룹 모임은 그들 부부에게 합법적이거나 법률적인 방법이 아니라 지속적인 격려를 통해 그들의 변화를 이끌어내야 합니다.

> "모이기를 폐하는 어떤 사람들의 습관과 같이 하지 말고 오직 권하여 그날이 가까움을 볼 수록 더욱 그리하자"(히 10:25).

변화가 없는 '투명성'은 피상적이 될 수밖에 없습니다. 나는 이렇듯 변화가 없는 '투명성'을 가진 소그룹 모임을 '느낌의 시간 feelings time'이나 '사랑의 유람선 Love Boat' 그룹이라고 부릅니다.

영혼의 부담을 덜어낸 사람들은 이제 마음껏 자신의 고민에 대해 이야기할 수 있게 됩니다. 짐이 소그룹 모임에서 자신의 고민을 털어놓습니다. "나는 하나님이나 내 이웃을 위해 헌신할 시간을 가질래야 가질 수가 없습니다. 지금 하는 일이 너무 바쁘거든요. 제가 시간을 낼 수 있도록 기도해 주세요."

소그룹의 리더는 짐의 이야기를 다 듣고 난 후 그룹원들에게 짐을 위해 기도하자고 말할 것입니다. 이때 그룹원들은 먼저 그가 살아계신 하나님이 필요하다는 것을 깨달을 수 있도록 기도해야 합니다. 하나님의 도우심을 구하는 기도 없이, 변화는 불가능하기 때문입니다.

만약 짐이 계획하는 모든 일에 하나님을 우선시하겠다는 확고한 결심을 세우지 않은 채, 매주 똑같은 고민과 고백만을 한다면 그는 변화가 없는, 피상적인 '투명성'만을 바라고 있다고 보아야 할 것입니다.

통찰

소그룹 변화

"교회의 생명을 뒷받침해 주는 친밀한 소그룹 모임들이 교회에 필요한 이유는, 그것들이 교회의 생명을 뒷받침해 주기도 하지만 그 모임 내에서 사람들이 이루어내는 성화(거룩한 성장)의 중요성 때문입니다. 이와 같은 소그룹 모임은 교회가 제공하는 영적 도움이나 전도만큼 중요합니다."[6]

–하워드 스나이더(Howard Snyder)

| 보다 깊은 대화의 단계로 소그룹을 인도하라

그룹원들이 서로에게 마음을 여는 일이 단번에 이루어지는 것은 아닙니다. 소그룹원들을 깊은 수준의 친밀함으로 인도하는 데는 여러 단계가 있습니다. 첫 단계에서 여러분의 소그룹은 최근의 날씨, 스포츠, 교회 행사 혹은 이와 관계된 소식을 나누게 될 것입니다. 그런 식으로 서서히 다음 단계로 넘어가게 됩니다. 소그룹 리더인 여러분은 소그룹 모임을 다음 단계로 넘어가게 하는 일에 익숙해져야 합니다.

1단계 : 간단한 대화−날씨 등과 같은 일상적인 대화가 일어나는 단계입니다.

예) "옷을 좀 따뜻하게 입지 그랬니? 날씨가 꽤나 추워졌는데."

2단계 : 정보와 사실−이 단계에서는 어떤 정보나 사실에 관한 것들을 나눕니다.

예) "나는 가스값이 오른다는 얘기를 오늘에서야 들었어."

3단계 : 생각과 견해−이 단계에서는 어느 누구도 말하는 사람의 생각이나 견해를 깎아내리거나 무시하지 않을 거라는 신뢰와 자신을 변호해 줄 거라는 확신이 그룹원들 사이에 있어야 합니다.

예) "나는 정부가 가스값 인상을 제한해야 한다고 생각해요. 왜냐하면 가스값이 오르면 물가가 상승하고 결국 경제가 어려워지거든요."

대화의 단계

• 1단계

패티 안녕. 파울린, 캘리포니아 여행은 어땠니?

파울린 굉장히 좋았어.

패티 뭐했는데?

파울린 주로 가족들과 함께 있었어. 친구들하고 몇 군데 돌아다니기도 하고….

패티 좋았었겠다.

• 2단계

파울린 그럼, 그랬지…. 근데 좀 기분이 안 좋은 일도 있었어.

패티 무슨 일이 있었어?

파울린 아니, 특별히 무슨 일이 있다기 보다는… 글쎄, 요즘의 캘리포니아는 너무 타락한 것 같아. 뉴스를 봐도 그렇고, 거리나 모든 곳이 거의 그래.

• 3단계

패티 네가 무슨 말을 하는지 나도 알 것 같아. 너도 엘린의 이야기를 들은 모양이구나. 그녀는 자기 스스로 자기가 레즈비언이라고 커밍아웃했다고 하더라. 난 그런 사람들을 보면 좀 화가 나. 동성연애자들을 이해하려고 해 보지만, 그래도 그들에게 좋은 감정을 가지기는 힘들어.

• 4단계

파울린 내게 있어서 레즈비언은 그냥 단순히 다른 사람의 문제가 아니야. 나도 사실 한때 레즈비언이었어. 다행히도 5년 전에 하나님께서 나를 그 죄로부터 구원하셨지. 하지만 난 아직도 가끔 여성에게서 성적 욕구를 느껴서 괴로워. 하나님이 매일매일 나에게 힘을 주시지 않았다면 다시 그 죄에 빠져들었을 거야.

4단계 : 감정, 구체적인 삶에 대한 이야기 − 그룹원들끼리 서로의 감정을 공유할 수 있을 만큼 확신이 생기는 단계입니다.

예) "오늘 하루 종일 사는 것이 허무하고, 아무 것도 하기 싫은 무기력감에 빠져 있었어요. 왜 그런지는 나도 잘 모르겠어요."

네 번째 단계에 오른 소그룹원들은 그들의 꿈, 소망, 두려움 그리고 좌절을 나누게 됩니다. 우리의 교제가 여기에 이르게 되면 우리는 누군가를 잘 알게 되었다는 느낌을 받습니다. 진정한 친밀감은 바로 이러한 감정으로부터 나오는 것입니다.

예) "나는 여행을 좋아해서 자주 여행을 갑니다. 그런데 그런 행동들이 가족들에게는 별로 좋지 않은 영향을 미치는 것 같아 몹시 고민하고 있어요. 지난 번 여행에서 돌아왔을 때 가족들이 진정으로 나를 필요로 한다는 것을 느낄 수 있었어요. 이번 주에 또 여행을 가게 되었는데…. 어떻게 하면 좋을까요? 저를 위해 기도해 주세요."

그룹이 성장함에 따라 그 그룹의 친밀도는 보다 깊은 단계로 들어가게 됩니다. 소그룹 리더는 소그룹이 새로운 단계로 들어가는 매우 중요한 역할을 담당해야 하며, 모든 사람들이 자유롭게 대화를 나눌 수 있도록 분위기를 잘 조성해야 합니다. 사람들이 열린 대화를 나누고 그것들을 어떻게 우리의 삶에 적용할 것인지에 대한 질문이 이루어지면 그룹원들은 실제로 그들의 마음과 생각속에 있는 것들을 나누게 되는 것입니다.

| 하나님과 다른 사람들 앞에서
     투명하게 살아가라

투명한 삶은 매일 기도를 함으로써 하나님과 만나, 온종일 그분과 솔직한 대화를 나누는 것으로 시작됩니다. 여러분이 하나님의 임재 가운데 있을 때 그분께 정직하고 투명할 수 있게 해달라고 간구하십시오.

하나님 앞에서 투명한 삶을 살게 되면, 여러분은 매일매일의 관계 속에서 자신의 약점과 시련들을 나눌 수 있는 대상을 발견할 수 있을 것입니다. 다른 사람들에게 잘 보이려고 하지 마십시오. 여러분을 약함 가운데 강하게 하시는 하나님을 인정하시기 바랍니다.

내 형 앤디가 나에게 마음의 문을 열라고 하는 말은 오늘도 계속해서 들려옵니다. 나는 아직 정직하고 투명한 삶을 다 이루지는 못했습니다. 나는 여전히 남에게 감명을 주려 하고, 강함의 커튼 뒤에 숨으려 하고 있습니다. 그러나 하나님의 은혜를 묵상하고 나의 약함 가운데서 영광을 받으시는 그분을 깨달아 가면서 하나님과 사람들 앞에 정직하게 살아가려고 용기를 내봅니다.

이제는 여러분의 차례입니다. 여러분의 삶에는 다른 사람들에게 열린 통로가 있습니까?

성공적인 소그룹 리더들은 피상적인 것들 뒤에 숨지 않습니다. 그들은 우리가 일상사에서 겪는 고통들과 고민들이 우리의 영적인 삶과 직결된다는 것을 잘 알고 있으며, 때문에 그러한 일들을 소홀히 하지 않습니다. 그들은 자신을 정직하고 투명하게 드러냅니다. 그들은 사람들과 서로에 대해 깊이 나누며, 자신들이 본이 되어 나머지 그룹원들이 따르도록 동기를 부여합니다.

그러므로 다음의 사실들을 기억하십시오.

- 소그룹원들이 여러분들을 따르도록 '투명성'의 모범을 보이십시오.
- 종종 모임 중에 우리의 잘못을 다른 이들에게 고백하라는 성령의 명령에 순종하십시오.
- 단순한 지식전달보다는 변화에 목표를 두십시오.
- 보다 깊은 대화의 단계로 모임을 인도하십시오.
- 하나님과 사람들 앞에서 정직하게 살아가도록 도울 수 있는 멘토를 찾으십시오.

05

호기심이 강한 지성

— '열린 질문'하기 —

인간의 지성은 소그룹의 리더로 하여금
생각하고 판단하며, 결정할 수 있게 합니다.
지성을 사용함으로써 리더는 모임을 이끌어나갈 질문을 준비할 수 있고,
대화가 활발하게 일어나도록 자극할 수도 있습니다.
잘 준비된 질문은 건조하고 따분한 모임을
창조적이고 활기찬 모임으로 바꾸어 놓습니다.

최근에 나는 피터에게 네 번만 나의 소그룹 모임을 인도
해 달라고 부탁했고, 피터는 그 부탁을 들어주었습니다. 그런데
그중 두 번은 서로 대화하는 시간보다는 침묵 속에 있었던 시간
이 더 많았고, 나머지 두 모임은 아주 열띤 토론이 이루어졌습니
다. 그 이유는 무엇일까요?

물론 피터는 모든 모임에서 사람들의 이야기에 귀를 기울였
고, 한 사람 한 사람의 이름을 불러주었으며, 자신이 모임을 주도
하지 않으려고 매우 조심하였습니다. 그런데도 두 모임이 차이가
생겼던 이유는, 한 모임에서는 그룹원들의 참여를 유도하는 질문
을 했던 반면, 나머지 모임에서는 그렇지 못했기 때문입니다. 성
공적인 대화의 장과 무미건조하고 참여가 저조한 모임의 차이점
은 리더가 어떠한 형식의 질문을 하느냐에 달려 있습니다.

그러므로 여러분의 지성을 '그룹원들이 대화에 참여하고 싶도록 하는 질문'을 할 수 있도록 훈련시키십시오. 그럴때 여러분의 소그룹은 크게 성장하게 될 것입니다.

| '닫힌 질문' vs '열린 질문'

제대로 토론이 이루어지지 않았던 두 번의 모임을 진행하면서 피터는 전적으로 성경본문에 초점을 맞추었습니다. 요나서를 펼치며, 그가 그룹원들에게 물었습니다. "요나는 어디로 도망을 갔나요?" 한 사람이 "배를 타고 다시스로 도망을 갔습니다"라고 대답을 했습니다. "네, 맞았습니다. 아주 훌륭한 대답이었습니다. 다른 사람들은 어떻게 생각하시나요?"피터가 주위를 둘러보며 물어보았습니다. 그러나 아무도 대답하지 않았습니다. 피터가 이번에는 다른 질문을 던져보았습니다. "왜 요나는 다시스로 도망갔을까요?" "하나님께 불순종했기 때문이에요." 피터는 다른 사람들을 둘러보지만 그룹원들 중에 그와 다른 대답을 할 수 있는 사람은 아무도 없었습니다. 피터가 다시 한번 물어보고 대부분의 사람들이 한 마디씩 하기는 했지만 결론은 하나였습니다. 요나는 하나님께 불순종했기 때문에 다시스로 도망을 간 것입니다.

피터는 잘 듣기도 했고, 긍정적인 응답을 주기도 하는 등 대체적으로 아주 훌륭했습니다. 하지만 피터의 질문에는 단 한 가지 대답밖에 할 수가 없었습니다. '요나는 불순종으로 도망갔다.' 물론 누군가는 약간의 형용사를 붙여 대답할 수도 있을 것입니다. '요나는 대단히 불순종했습니다.' 이런 식으로 말이죠.

그러나 아무리 숙련된 리더라도 그러한 질문으로는 더 이상의 대화를 이끌어내지 못했을 것입니다. 피터는 다른 사람들이 말하길 기다리면서, 침묵 속에서 한 시간을 기다렸을지도 모릅니다. 그룹원들도 그와 함께 누군가가 말하길 기다리면서 앉아 있었을 것입니다.

나는 며칠 후에 피터를 불러 여러 가지 이야기를 나누었습니다. 내가 예전에 소그룹 모임을 인도하면서 실패한 이야기와 그로 인해 발견할 수 있었던 점들을 그와 함께 나누었습니다. 특히 소그룹원들에게 질문하는 방법에 대해 집중적으로 나누었습니다.

피터는 저의 이야기를 듣고 무언가 깨달은 듯 했습니다. 그러고 난 후 다음 모임은 대단히 좋았습니다. 그 모임에서 피터는 시편 46편 1절에 대해 다루었습니다. "하나님은 우리의 피난처시요 힘이시니 환난 중에 만날 큰 도움이시라."

피터는 성경본문의 이해를 돕기 위해 몇 개의 '닫힌' 질문으로 토론을 시작했습니다. 그러나 이번에는 모든 사람에게 한 가지 대답을 요구하지 않고 바로 다음과 같은 질문으로 성경말씀을 우리의 삶에 적용시켰습니다. "여러분 중 최근에 위기를 맞았던 분이 계십니까? 그것은 어떤 위기였고, 어떻게 극복하셨나요? 하나님께서 그러한 위기 속에서 어떻게 피난처가 되어주셨습니까?"

이 질문에는 모두들 나눌 것들이 있었습니다. 폴이 먼저 시작했습니다. "몇 년 전만 해도 나는 고향에서 제일 잘나가는 양복점을 운영했습니다. 나는 내 일을 너무나도 사랑했고, 자부심도 대단했었죠. 대통령이 입을 양복까지 만들기도 했었으니까요. 하지만 내가 최고의 성공을 누리고 있을 때 몸에 이상이 왔습니다. 의사는 건강을 선택하든지 일을 선택하든지 하라고 하더군요. 어쩔 수 없이 나는 일을 손에서 놓아야만 했습니다. 몹시도 우울하고 무기력한 날들이었습니다. 그러나 하나님께서는…."

폴의 이야기가 끝나고 이번에는 캐롤이 이야기를 시작했습니다. "최근에 내 딸 메리가 새벽 1시가 넘도록 들어오지 않은 일이 있었답니다. 나는 굉장히 흥분을 잘 하는 사람이거든요. 평소 같았으면 난리가 났을 텐데 그날만큼은 제 자신을 억누르고 참을 수 있었습니다. 기도를 통해 하나님께 간구했거든요."

우리는 그날 밤, 깊은 대화를 나눌 수 있었습니다. 서로의 짐을 나누어졌고, 서로를 세우고 격려하였습니다. 모임이 끝나고 난 뒤 그룹원들은 다음 모임 때 다시 나누기로 약속하고 모두 아쉬워하며 헤어졌습니다.

모임을 시작하기 전에 여러분이 대화를 유발시킬 수 있는 올바른 질문을 준비한다면, 모임이 생기 있고 역동적일 것이라고 확신합니다. '닫힌 질문'은 단 하나의 답만 존재합니다. 리더가 '닫힌 질문'을 많이 하면 그는 자신을 소그룹 리더가 아닌 성경적인 지식이 풍부하고 똑똑한 성경전문가로 여기는 것입니다.

반면 '열린 질문'은 사람들로부터 대화와 나눔을 이끌어냅니다. '열린 질문'에는 한 가지 이상의 정답이 있습니다. '열린 질문'은 소그룹원들이 성경의 진실을 자신의 삶에 적용시키도록 합니다.

| '열린 질문' 준비하기

누구에게나 익숙한 성경구절인 요한복음 3장 16절을 예로 들어봅시다. "하나님이 세상을 이처럼 사랑하사 독생자를 주셨으니 이는 저를 믿는 자마다 멸망치 않고 영생을 얻게 하려 하심이니라."

관찰 질문

우선 처음에는 질문의 이해를 돕기 위해, 하나의 정답이 존재하는 '닫힌 질문'으로 시작할 수 있습니다. "하나님께서는 어떠한 방법으로 당신을 향한 사랑을 나타내셨습니까?" 대답은 바로 본문을 보면 알 수 있습니다.

이 경우에, 단순히 본문에서 본 것을 관찰하고 대답할 수 있도록 질문하십시오. 성경을 한 번도 읽어보지 못한 힌두교도라도 성경본문을 살펴보고 난 후에는 이 질문에 대답할 수 있을 것입니다. "하나님은 그의 아들, 독생자 예수님을 우리에게 보내심으로 우리에 대한 사랑을 나타내셨습니다."

소그룹 모임의 학습 시간을 시작할 때에는 위와 같은 '관찰' 질문들을 몇 가지 포함시키는 것이 좋습니다. 그러한 질문들은 여

묻지 말아야 할 질문[1]

1) 기관총처럼 한꺼번에 여러 가지를 묻는 질문

• **질문** : 예수님이 제자들에게 자신을 누구라고 생각하느냐고 물은 이유를 3가지 말하고, 여러분이 만일 예수님의 제자라면 예수님의 질문에 어떻게 대답할지 말해보십시오.

• **문제점** : 하나의 질문처럼 보이지만 사실은 하나 이상의 질문을 포함하고 있는 문장입니다. 요점이 명확하지 못하고 함께 나눌 수 있는 질문이 못 됩니다. 질문의 연결고리와 관련된 사항이 너무 복잡하면 사람들은 혼란스러워합니다.

2) 자신의 지식으로도 이해하기 힘든 질문

• **질문** : 유일 교리와 삼위일체에 대한 베드로의 고백의 신학적인 의미는 무엇입니까? 그리고 그것이 존재론적 논점에서 의미하는 것은 무엇입니까?

• **문제점** : 이것은 신학대학 교수모임을 제외하고는 대부분의 소그룹 모임에서는 대답하기 힘든 질문입니다(이런 질문은 명확하지도, 일관적이지도, 명료하지도, 창의적이지도 못합니다). 이런 식의 질문은 하지 마십시오. 또한 여러분은 이해하고 있더라도 그룹원 대부분이 이해하기 힘들겠다고 생각되는 질문은 여러분이 한 번 더 깊이 생각해본 후 하십시오.

3) 무슨 말을 하는지 모르는 질문

• **질문** : 여러분이 선한 고백만을 되풀이했을 때, 어떤 느낌을 받았습니까?

• **문제점** : 전혀 고려할 만한 질문이 아니며, 분명하지도 못합니다. 구성원들이 모두 선한 고백만을 되풀이하고 있습니까? 그렇다고 하더라도, 만일 여러분의 그룹이 생긴 지 얼마 되지 않았다면 이런 질문은 너무 이른 질문일 수 있습니다.

4) 시험문제 같은 질문

• **질문** : 예수님께서 질문을 했을 때 그분이 원하시던 3가지 행동은 무엇입니까?

- **문제점** : 이것은 토론할 만한 질문이 아닙니다. 하나의 정답을 찾는 시험문제일 뿐입니다. 또한 완전한 질문도 아닙니다. 예수님이 원하시는 태도가 무엇인지 어느 누가 정확하게 알겠습니까?

5) '혼란스러운' 질문
- **질문** : 베드로가 예수의 질문에 답할 때 요한의 마음에는 무엇이 일어났습니까?
- **문제점** : 도대체 누가 사도 요한의 마음을 알겠습니까? 이것은 불완전하고 도 전적이지도 못합니다. 이 질문은 이렇게 바꾸어 질문해야 합니다. '만약 여러 분이 사도 요한이라면, 베드로의 대답을 듣고 무슨 생각이 들었을까요?'

러분의 그룹원들이 성경말씀의 뜻을 이해하는 데 도움을 줄 것입니다.

해석 질문

다음 단계는, 그룹원들에게 본문의 뜻이 무엇인지 물어보는 것인데 아직까지는 '닫힌 질문'입니다. 예를 들어 이렇게 질문해 보십시오. "하나님은 우리에게 어떠한 사랑을 보여주셨나요?" 몇몇은 하나님의 희생적인 사랑을, 또 다른 사람들은 하나님의 부성애적 사랑에 대해 말할 것입니다.

리더는 예수님께서 십자가 위에서 보여주신 자기 희생적인 사랑을 나타내는 헬라어 '아가페*agape*'에 대해 설명할 준비를 해 두어도 좋습니다. 하지만 너무 깊이 나아가지는 마십시오. 해석을 요구하는 질문이 더 필요하다고 생각되더라도 적당한 선에서 그치십시오. 만약 이러한 질문 형식을 너무 자주 사용하면, 여러분의 소그룹원들은 많은 지식을 얻고 집으로 돌아가긴 하겠지만 그들의 삶에 변화는 일어나지 않을 것입니다.

관찰과 해석을 요구하는 질문은 우리로 하여금 성경을 이해하도록 도와줄 수는 있지만, 그룹원들의 활발한 참여를 기대하기는 힘든 '닫힌 질문'입니다. 그것은 머리에는 도달할지 몰라도 마음에는 와 닿지 않습니다. '닫힌 질문'은 유용한 성경적 정보를 제공할 수는 있지만 마음에서 우러나오는 상호교제는 일으키지 못합니다.

적용 질문

그렇다면 요한복음 3장 16절에 대한 '열린 질문'은 무엇일까요? 다음은 그 한 예입니다.

먼저 "하나님이 당신을 사랑한다는 것을 처음으로 알게 되었을 때의 이야기를 해봅시다." 모임에서 한 사람을 지목하여 다음과 같이 질문해 보십시오. "수잔, 당신을 향한 하나님의 사랑을 처음 느꼈을 때 일어났던 일을 우리들에게 함께 나누어줄 수 있을까요?"

이렇게 권유하는 형식의 질문은 구성원들이 요한복음 3장 16절을 읽고난 느낌과 깨달음을 실제 삶에 적용해 보도록 유도합니다. 이럴때 비로소 많은 사람들이 서로의 이야기를 나눌 수 있게 됩니다.

이외에도 당신은 다음과 같은 질문을 해 볼 수도 있습니다.

"하나님이 당신을 사랑한다는 것을 어떻게 알게 되었습니까?"

"당신에게 하나님에 대해 말해준 사람은 누구였나요?"

| 마음을 사로잡기

몇 해 전에 내가 한 소그룹을 방문했을 때 그들은 '용서할 줄 모르는 종(마 18:21~35)'의 이야기에 대해 나누고 있었습니다.

소그룹 리더는 성경본문이 말하고 있는 바에 대하여 되풀이해서 질문했습니다(관찰). 그리고 성경본문이 뜻하는 것에 대해서도 몇가지 질문(해석)을 더했지만, 그는 성경을 그룹원들의 삶에 적용시킬 수 있는 질문은 한 번도 하지 않았습니다. 그 결과 활발한 토론은 사라지고 지루하고 따분한 분위기가 그 모임 전체를 사로잡아 버렸습니다.

그는 이렇게 물어보아야 했습니다. "여러분이 다른 사람 때문에 아파하고 괴로워했던 경험이 있다면 그것에 대해 함께 나누어 봅시다." 이 질문에 이어 "그

전략

실전 연습

다음과 같은 성경구절을 통해 질문에 대해 실전 연습을 해볼 수 있습니다.

"내게 능력 주시는 자 안에서 내가 모든 것을 할 수 있느니라"(빌 4:13).

1) 관찰 질문

"여러분은 하나님의 능력을 통해 얼마나 많은 일들을 할 수 있습니까?"

2) 해석 질문

"이 성경구절은 믿음의 사람에게만 적용됩니다. 왜 그럴까요?"

3) 적용 질문

"지난 주 동안 하나님이 여러분에게 어떠한 일을 할 수 있게 해주셨습니까?"

러한 경험을 어떻게 극복했으며, 상처를 준 사람을 어떻게 용서할 수 있었는지에 대해서도 이야기해 보도록 합시다." 만약 그가 이렇게 질문했다면, 마음속에 담아 두었던 아픔을 다른 사람들에게 털어놓아 그 아픔으로부터 자유롭게 되길 원했던 사람들이 많았을 것입니다.

소그룹 학습 시간 동안 소그룹원들의 마음을 확실히 붙잡으십시오. 성경이 그들의 삶에 적용되지 못한 채 집으로 돌아가지 않게 하십시오. 내가 아는 한 소그룹 리

🔔 시도 🏃

마음을 끄는 질문

토론을 이끌어내는 '열린 질문'의 예
- …에 대해서 여러분은 어떻게 느낍니까?
- …에 관련된 여러분의 경험을 나누어 봅시다.
- …라면 여러분은 어떻게 하겠습니까?
- 여러분은 왜 그렇게 느낍니까?

한 가지 대답만을 이끌어내는 '닫힌 질문'의 예
- …에 대해서 이 본문은 뭐라고 말하고 있습니까?
- 이 본문의 내용에 여러분은 동의합니까?

더는 다음과 같이 결론을 내리며 모임을 마치는 것을 좋아합니다. "우리가 이 본문을 읽고 토론하고 이야기해 본 것에 따르면, 하나님께서는 이 말씀을 우리 소그룹원들의 삶에 어떻게 적용하기를 원한다고 생각하십니까?"

나는 여러분께 최소한 관찰과 해석 질문을 두 번 하면 한 번은 적용 질문을 하라고 권하고 싶습니다.

독일의 교회성장연구소 크리스티안 A. 슈바르츠Christian A. Schwarz와 그의 팀은 우리의 삶에서 발생하는 긴급하게 필요한 사

반복할 만한 가치가 있는 질문[2]

질문을 할 때에는 본문의 주요 의미와 그것을 사람에게 어떻게 적용할 것인지를 염두에 두어야 합니다. 아래의 질문들은 상황에 따라 다양하게 변화를 주어 반복적으로 사용할 수 있는 것들입니다.

- 이 본문에서 여러분에게 특별한 의미를 주는 것은 무엇입니까?
- 이 본문에서 중요한 점은 무엇이라고 생각합니까?
- 여러분이 살아오면서 경험했던 일 중에서 이 성경본문의 예로 들 수 있는 일은 무엇입니까?
- 자, 하나님께서는 이 본문을 통해 여러분에게 무엇이라고 말하고 있습니까?

항에 대해 성경을 직접 적용하며 살게 하는가 그렇지 않은가에 따라 성공적인 소그룹과 그렇지 못한 소그룹의 차이가 만들어진다는 것을 증명했습니다.

그들은 전세계 66개국 10,000여 개의 교회를 설문조사해서 얻은 4,200만 자료를 통해 다음과 같은 결론을 얻었습니다. 즉, 성공적인 소그룹 모임은 '단지 성경의 본문을 토의하는 것을 넘어 그 성경본문을 매일의 삶에 적용할 수 있게 도와주는 전인적 소그룹이어야 한다'는 것이었습니다.

이런 소그룹 모임에서는 그룹원들 각자가 개인적으로 관심이 있는 문제나 질문들을 이끌어 낼 수 있습니다.[3]

| 변화에 목적을 두어라

모든 학습은 무엇인가를 느끼고, 기억하고, 실제 행할 수 있는 것을 사람들에게 제공해야 합니다. 또한 소그룹 모임의 목적은 지식을 얻는 것이라기보다는 배운 것들을 적용하여 삶을 변화시키는 것입니다. 그렇기 때문에 어떤 의미 있는 일이 일어날 때, 소그룹원들이 지난 주의 말씀과 그에 대한 구체적인 적용을 기억하는 것은 대단히 중요합니다.

소그룹 리더는 학습 시간을 다음과 같이 말하면서 시작할 수 있습니다. "여러분은 지난 주에 우리가 함께 나누었던 요한일서 3장 16절과 17절을 기억하고 있을 것입니다."

"이 본문을 다시 한번 읽어보겠습니다. 이것은 사랑이 무엇인지를 우리가 알 수 있게 해주는 방법입니다. 예수님께서는 우리를 위해 그의 생명을 내놓았습니다. 그러므로 우리도 우리의 형제를 위하여 우리의 생명을 내어놓아야 합니다. 예를 들어 부유한 형제가 가난하고 궁핍한 형제를 보고 불쌍히 여기지 않는다면 그에게는 하나님의 사랑이 있다고 볼 수 없습니다."

그리고 이렇게 질문하십시오. "지난 주에 누군가에게 친절을 베푼 일이 있다면 말씀해 주시겠습니까?" 이에 대해 사람들이 이야기를 하지 않더라도 얼마 동안은

🔔 시도 🏃

진행 중에 적용 질문을 하라

어떤 소그룹 모임에서는 학습 시간을 진행할 때 5~10개의 '닫힌 질문'을 한 후에 한 개의 적용 질문을 하고 그 시간을 마칩니다. 그러나 그것보다는 학습 시간 중에 적용 질문을 던져 그것에 대해 이야기를 나누는 것이 훨씬 좋습니다. 관찰, 해석, 적용 간에는 계속적인 상호작용이 있어야 합니다. 그룹의 리더는 적용 질문을 함으로써, 구성원들이 서로 교제하고, 성경을 더욱 깊이 탐구할 수 있게 해야 합니다.

기다리십시오. 만약 아무도 그런 경험에 대해 이야기하지 않아도 당황하지 마십시오. 적어도 소그룹 학습은 단지 지식을 전달하는 것이 아니라 그룹원들의 삶의 변화를 기대한다는 것을 보여줄 수 있기 때문입니다.

만약 여러분이 매주 지난 주 학습에 대해 그룹원들이 어떻게 실천에 옮겼는지를 묻고 모임을 시작한다면, 사람들은 학습을 실제 삶에 적용할 수 있는 방법을 찾기 시작할 것입니다. 리더인 당신이 지난 주의 학습 내용을 적용하지 못했다 하더라도 솔직히 고백하십시오. 그룹원들은 당신의 실수보다는 정직함을 더 높이 살 것입니다.

| 본문을 명확하게 설명하라

비록 소그룹 모임의 학습 시간이 지식전달보다는 적용 질문을 기본으로 하고 있다 해도, 그룹원들이 그 질문에 대답하기 위해서는 성경본문의 맥락을 이해하고 있어야 합니다.

질문을 던져 놓고 누군가 대답하길 기다리며 한 시간씩 있지 마십시오. 만약 그룹원들이 질문을 이해하지 못했다면 그들의 얼굴에 당황스러운 표정이 나타날 것입니다. 질문을 이해하지 못했다는 것은 성경본문의 맥락을 이해하지 못해 혼란이 일어났기 때문입니다. 본문을 이해하지 못한 사람들에게는 질문을 던져 보았자 아무런 소용이 없습니다. 그 사람들에게 질문은 마치 아직

랑이 저편에 있는 사물들처럼 희미하게 느껴질 것입니다.

그래서 학습을 시작하면서 본문의 일반적인 맥락과 의미를 설명해 주라고 리더들에게 당부하는 것입니다. 본문의 이해를 돕기 위해 관찰 질문('닫힌 질문')을 사용하는 것도 좋습니다. 일반적으로 적절한 관찰 질문은 내용을 이해하는 데 매우 유익합니다.

소그룹 모임의 학습 시간이 참여자 위주로 이루어져야 한다고 해서 엉성하고 피상적으로 성경공부를 해서는 안 됩니다. 어떤 리더들은 참여자 위주의 학습을 준비하는 것이 다른 성경공부 모임보다 훨씬 쉽고 따라서 학습 준비도 그리 어렵지 않을 거라고 생각합니다. 하지만 그것은 잘못된 생각입니다.

| 너무 많은 질문을 하지 마라

소그룹 학습의 주제를 정하는 데 있어서 범할 수 있는 가장 일반적인 실수 중에 하나는 너무 많은 질문을 한 문장에 포함시키는 것입니다. 어떤 소그룹 리더는 그 본문이 포함하는 질문(그것이 10개든 20개든 상관없이)은 무조건 다 소화해야 한다는 강박 관념을 가지고 있기도 합니다.

그러나 그럴 필요는 없습니다. 한 번의 학습 시간 중에 3~5개의 질문 정도면 충분합니다. 만약 소그룹 리더가 그 이상의 질문을 소화하려고 한다면, 그룹 안에서 활달하고 외향적인 사람들이 토론을 주도하게 될 것입니다.

너무 열심히 많은 것을 나누고 싶어한 나머지 모임 시간이 길어져 그룹원들이 다음에는 오고 싶지 않게 만드는 것보다는, 사람들이 조금 더 이야기하고 싶다라는 아쉬움을 남기고 돌아갈 수 있게 하는 것도 필요합니다.

또한 소그룹 학습 후 기도할 시간을 남겨 놓는 것이 중요합니다. 학습을 진행한 후 자연스럽게 기도로 인도하는 것이 그룹원들 간의 깊은 나눔을 최상에 이르게 할 것입니다.

| 교재와 새신자

어떤 소그룹에서는 특정한 교재나 동일한 지침서를 각 구성원이 구입하여 일주일 동안 공부하고 소그룹 모임에 가져와 그 내용에 대해 함께 나누기도 합니다.

하지만 나는 현재 모임이 진행되고 있는 소그룹에는 이런 방법을 권하고 싶지 않습니다. 방법 자체에 문제가 있다기보다는 실제적인 측면을 보았을 때 그렇다는 말입니다.

만약 여러분이 모임에 처음으로 참여하는 사람이라고 가정해 봅시다. 학습 시간에 여러분을 제외한 모든 그룹원들이 준비된 교재를 하나씩 들고 앉아, 교재에 이미 쓰여져 있는 질문에 대답을 하고 있다면 어떤 기분이 들겠습니까? 아마도 분위기에 위축되어 다시는 그 모임에 참여하고 싶지 않을 것입니다(특히 그 소그룹이 학습 시간에 요한계시록에 대해 공부하고 있었다면 더욱 그럴 것입니다).

학습 교재는 소그룹 리더와 리더들을 감독해 주는 사람들 간의 모임인 '허들 모임'에서는 효과적으로 쓰일 수 있습니다. 그러나 소그룹 모임에서는 처음으로 소그룹 모임에 참여하는 사람의 마음을 배려해 주어야 합니다.

허들 모임

'허들 모임'은 소그룹 리더와 그들을 감독하는 사람들의 리더십 모임입니다. 이 모임의 구성은 감독자와 소그룹 리더의 일대일 모임이 될 수도 있고, 감독자와 다수의 소그룹 리더들 간의 그룹 모임이 될 수도 있습니다. 어떤 감독자들은 12명의 소그룹 리더들을 관리합니다(이것을 G-12그룹이라고 부릅니다).[4)]

| '열린 질문'을 하는 것이 중요하다

사람들이 몰려오는 소그룹을 만들고 싶다면 '열린 질문'을 하십시오. 여러분의 소그룹 모임의 참석률이 저조하다면 그것은 여러분이 소그룹 리더로서의 자질이 없어서가 아니라, 아마도 여러분이 '닫힌 질문'을 많이 하기 때문일 것입니다.

여러분의 대화 기술이 부족하다고 실망하기 전에, 여러분이 어떤 형식의 질문을 하고 있는지 살펴보시기 바랍니다. 그리고 소그룹 학습 시간을 시작하기 전에 소그룹원들의 삶에 적용할 수 있는 '열린 질문'을 사용하겠다고 확실하게 다짐한 후 모임을 진행하십시오. 그러면 여러분의 소그룹 모임이 생명력 있게 살아나는 것을 볼 수 있을 것입니다.

성공적인 소그룹 리더들은 그룹원들에게 참여 동기를 유발시키는 적용 질문을 이끌어내기 위해 그들의 지식을 사용합니다. 그들은 질문을 어떻게 표현하느냐에 따라 성공과 실패로 갈라진다는 사실을 잘 알고 있습니다.

그러므로 다음의 사실들을 기억하십시오.

- '닫힌 질문'보다는 '열린 질문'을 사용하십시오.
- '열린 질문'을 통해 성경의 내용을 적용하십시오.
- 지식전달보다는 삶의 변화에 목적을 두십시오.
- 성경본문에 대한 적용 질문을 하기 전에 본문을 먼저 명확하게 설명하십시오.
- 질문의 수를 대략 5개 정도로 제한하십시오.

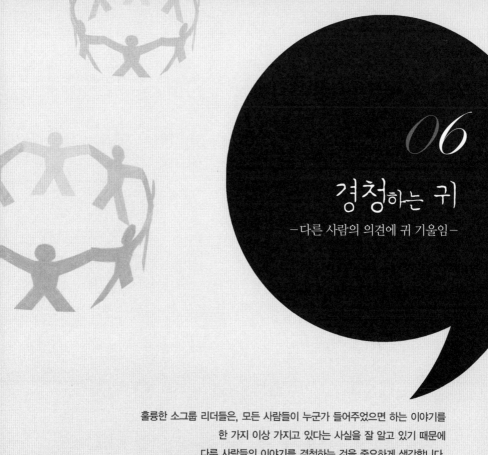

06

경청하는 귀

－다른 사람의 의견에 귀 기울임－

훌륭한 소그룹 리더들은, 모든 사람들이 누군가 들어주었으면 하는 이야기를
한 가지 이상 가지고 있다는 사실을 잘 알고 있기 때문에
다른 사람들의 이야기를 경청하는 것을 중요하게 생각합니다.
하나님께서는 내 이야기를 먼저 하기보다는 남의 이야기를 들어보라고
우리에게 두 개의 귀와 하나의 입을 주셨습니다.
소그룹 모임은 적극적으로 남의 이야기를 들을 수 있는 환경을
완벽하게 갖추고 있어야 합니다.

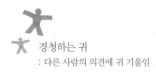
데오도르 루즈벨트Theodore Roosevelt 대통령은 활동가로도 잘 알려져 있지만 다른 사람의 이야기를 잘 듣는 사람이기도 했습니다. 그래서 그는 다른 사람들도 자신의 이야기를 잘 들어주기를 기대했습니다.

한번은 이런 일이 있었습니다. 루즈벨트 대통령은 만찬 무도회에서 자신의 말에 대해 경직된 말투로 대꾸하거나 마음에도 없는 농담을 하며 즐거워하는 척하는 사람들과의 대화가 몹시도 지루했습니다. 그래서 그는 주변을 돌아다니며 사람들에게 "오늘 아침에 저의 할머니께서 협박을 당했다고 하시더군요"라고 농담을 했습니다.

그러나 불행하게도 대부분의 사람들은 대통령과 마주하고 있다는 사실에 너무 긴장한 나머지 대통령이 하는 말을 거의 알아듣지 못했습니다. 한 외교관이 대통령의 이야기를 듣자마자 뒤로 기대앉으며 혼잣말을 했습니다. "자업자득이지!" 결국 이 외교관도 루즈벨트 대통령이 농담을 하고 있다는 사실을 깨닫지 못했던 것입니다.

경청할 수 있는 귀는 대화에서 꼭 필요한 요소지만 그것을 완벽하게 갖춘 사람은 많지 않습니다. 다른 사람들이 이야기를 할 때 속으로는 딴생각을 하면서, 다른 사람들의 이야기를 대충 듣는 일은 우리 주변에서 너무 흔히 볼 수 있는 일입니다. 때문에 다른 사람들의 이야기를 제대로 잘 들어주는 것은 쉽지 않은 일입니다. 그래서 나는 훌륭한 대화 상대는 말을 잘하는 것보다는 남의 이야기를 잘 들어주는 사람이라고 생각합니다.

사람들은 대부분 자기의 이야기를 더 중요시하는 경향이 있기 때문에 다른 사람의 관점이나 생각들을 이해하려고 노력하지 않습니다. 우리는 다른 사람들이 먼저 우리를 이해해 주기를 바랍니다. 그러나 훌륭한 경청자는 자기가 먼저 다른 사람들을 이해하려고 애씁니다.

📖 사전

격려하는 말

격려하는 말은 좀 더 나은 토론을 격려하는 질문이나 제안을 포함합니다. "존, 조금 더 생각해보고 결혼을 결정하는 것이 좋을 것 같은데…. 우리는 모두 당신의 이야기를 들어줄 준비가 되어 있답니다. 우리와 고민을 나누는 것이 어때요?"

| 구성원들의 반응을 우선시하라

경청하는 것이 어려운 이유?

그것은 생물학적으로 살펴보았을 때, 사람은 분당 500단어 정도를 힘들이지 않고 들을 수 있는 반면에, 말할 때에는 분당 125~150단어를 말할 수 있기 때문입니다. 350단어 정도를 더 들을 수 있는 여유가 딴생각을 하거나 다른 데서 들려오는 소리에 신경쓰게 해서 주의를 산만하게 한다는 것입니다. 이런 차이 때문에 딴생각을 하거나 딴짓을 하면서도 마치 잘 듣고 있는 것처럼 고개를 끄덕이거나 반응을 보일 수 있는 것입니다.

"고객은 항상 옳습니다."

이것은 성공하는 회사들의 모토이며, 이러한 원칙은 소그룹 모임에서도 마찬가지로 적용됩니다. 소그룹 모임에서는 그룹원들의 필요를 중요시함으로써 활기차고 열띤 모임을 이끌어낼 수 있습니다.

리더인 여러분이 말하는 것보다 참석한 그룹원들의 생각이 더 중요합니다. 여러분 자신보다는 그룹원들에게 초점을 맞추고 모임을 인도하십시오. 그러면 모임의 모든 사람들이 '세움'을 받고 집으로 돌아가게 될 것입니다.

여러분이 그룹원들에게 줄 수 있는 최상의 선물은 바로 성의껏 그들의 이야기를 들어주는 것입니다. 리더가 자신의 이야기를 귀 기울여 들을 때 그룹원들은 모두 그 사실을 깨닫게 될 것이며, 그 모임 안에는 기쁨과 만족으로 가득 찰 것입니다. 가끔 침묵의 시간이 찾아오더라도 걱정하지 마십시오. 괜찮습니다. 그 침묵을 깨뜨릴 말이 필요하지 않습니다. 그냥 내버려 두면 다른 주제로 자연스럽게 흘러갑니다.

| 적극적으로 들어라

'적극적으로 경청하는 것'은 생기 있고, 활기차고, 성실하게 듣는 자세를 말합니다. 그리고 마치 적의 전투기를 향해 돌진하는 열추적미사일처럼 모든 단어에 집중하며 귀를 기울이는 것입니다. 그것은 자신보다는 다른 사람의 관심에 대해 더 많이 생각하려고 애쓰고 노력하는 자세입니다.

🐾 통찰

나쁜 버릇

"대부분의 사람들은 이해하려고 듣는 것이 아니라 대답하려고 남의 이야기를 듣습니다. 사람들은 이야기를 듣는 것에 집중하지 않고 자신이 대답할 말에 대해 생각합니다."[1]

－스티븐 코비(Stephen Covey)

우리 대부분은 듣는 척하는 데 익숙합니다. 생각은 다른 곳에 가 있으면서도 마치 잘 듣고 있는 것처럼 고개를 끄덕이고 주변 사람들과 같이 웃습니다. 듣는 사람에게는 다음 질문, 전화 벨소리, 하루 일과에 대한 생각 등 많은 유혹이 다가옵니다.

탁월한 소그룹 리더는 다른 사람의 이야기를 끝까지 경청하는 사람입니다. 물론 이것이 매우 어려운 일이라는 사실은 잘 알고 있습니다. 하지만 노력해 보십시오. 여러분이 적극적으로 다른 사람의 이야기를 경청하려 하고 있다는 사실을 알게 되면, 그들도 당신의 모범을 좇아 다른 사람의 이야기에 귀 기울이기 시작할 것입니다.

| '무언의 대화'에 귀 기울이라

'동작학'은 신체로 표현하는 대화나 언어를 연구하는 학문입니다.[2] 모든 대화의 60%는 비언어대화에 속하기 때문에 '말해지지 않은' 것을 '듣는' 것은 매우 중요한 일입니다.

동료를 대하는 따분한 몸짓, 의심스럽다는 표정, 익살스러운 눈흘김 등과 같은 몸짓들은 그 사람이 실제로 생각한 것들이 겉으로 나타나는 것입니다.[3]

나는 어떤 모임에서 그룹원이 말하고 있을 때 산만한 행동을 보이는 성급한 리더를 보았습니다. 그는 자신의 시계를 들여다본다거나, 다음 질문 내용을 잠깐 본다거나 하는 몸짓을 보입니다. 그 리더는 그룹원들이 그것을 눈치채지 못하리라 생각하겠지만, 비언어가 사람들에게 보내는 메시지는 매우 크고 분명합니다.

그 리더는 말하는 사람을 향해 '당신이 말하는 것은 중요하지도 않고, 맞는 내용도 아니며, 지금의 상황에는 매우 부적절한 말이야'라고 무언으로 표현하는 것을 나머지 그룹원들이 느낀다는

통찰

소그룹 리더들을 위한 '무언無言의 대화' 점검

누군가가 질문에 대답했을 때, 여러분은 일반적으로 이렇게 반응하십니까?
• 미소
• 고개를 끄덕거림
• 도움을 제공함

아니면, 무의식적으로 이렇게 반응하십니까?
• 인상을 찌푸림
• 무반응
• 뒤늦게 반응을 보임

것입니다. 그러므로 명심하십시오. 행동과 사소한 몸짓으로 나타나는 리더의 반응이 그 소그룹 모임의 성장 정도를 결정할 수 있습니다.

현명한 리더는 이렇게 말할 수 있습니다. "린다, 뭔가 생각난 것이 있는 것 같네요. 말하고 싶은 것이 있으면 더 말씀하셔도 됩

시도

비언어대화 '듣기'

- **힌트 1** : 사람들에게 자신을 투명하게 보이고 솔직하십시오. 만약 여러분이 피곤하거나, 안 좋은 일이 있거나 혹은 어떤 문제와 씨름하고 있다면, 그룹원들 모두가 분명히 알 수 있도록 하십시오. 여러분들이 먼저 '투명성'을 보인다면 그룹원들도 여러분을 따라 자유롭게 나눔을 갖게 될 것입니다. 그렇지 않고 인상을 찌푸리고만 있다면 그룹원들은 여러분이 화가 났다고 생각하게 될 것입니다. 소그룹 모임은 서로의 이야기를 나누는 시간이지 숨기는 시간이 아니라는 것을 명심하시기 바랍니다.
- **힌트 2** : 성령으로 충만하십시오. 성령으로 충만한 리더들은 소그룹원들에 대해 더 효과적으로-그것이 비언어적이든지, 언어적이든지 상관없이-반응을 보일 수 있습니다. 예수님께서는 성령으로 충만한 리더와 소그룹원들 사이에 연결점을 제공하십니다.

대화에 참여하도록 자극하기

- 그룹원들을 향해 열린 몸짓을 유지하라.(팔짱을 끼거나 다리를 꼬지 말라)
- 말하는 사람에게 관심을 보이듯이 앞으로 몸을 기울여라.
- 말하는 사람에게 동의를 보이듯이 머리를 끄덕이고 미소를 지으라.
- 말이 없는 사람을 격려하고, 격려하기 위해 정확히 눈을 마주치라.

니다." "맞아요. 말하고 싶은 것이 생겼답니다." 리더는 어떻게 린다가 무엇인가 말하려고 한다는 사실을 알았을까요? 리더는 린다가 뺨을 만지고, 의자 끝에 걸터앉아 발로 바닥을 치고 있는 모습을 관찰했고, 그 몸짓으로 그녀의 생각을 알아차린 것입니다.[4]

| 여러분의 리더십에 대하여
그룹원들이 평가하게 하라

나는 세미나나 교육에서 강의를 할 때마다 참석자들에게 나의 사역을 평가해 달라고 요청합니다. 하지만 사실 나는 비판받는 것을 별로 좋아하지 않기 때문에 평가서를 읽기 위해서는 상당한 노력이 필요합니다. 그러나 나는 자신이 무엇이 부족한지, 그래서 무엇을 어떻게 향상시켜야 할 것인가를 알지 못하는 한, 더 크게 성장할 수 없다는 사실을 잘 알고 있습니다. 타인에 의해서 이루어진 평가는 나의 약점과 강점이 무엇인지를 정확하게 드러내 주기 때문입니다.[5]

톰 피터Tom Peter라는 사람이 쓴 《무질서의 번영 *Thriving On Chaos*》이라는 책 중에 '듣기에 몰입하기Become Obsessed With Listening'라는 장이 있습니다. 그 장에서 톰은 "경기의 승리는, 남들보다 빨리 움직이는 최고의 경쟁자들 중에서도 가장 성의껏 듣고 반응할 줄 아는 사람에게 돌아갈 것이다"[6] 라고 말합니다. 소그룹의 리더는 소그룹의 질을 향상시키기 위해 잘 들어야 합니다. 그리고 그렇게 경청하는 것이 가져오는 결과는 이 세상에서 유산으로 물려받은 재산보다 훨씬 가치 있는 것이 될 것입니다. 영원한 보물을 놓치지 마십시오.

어떻게 해야 여러분의 리더십을 향상시킬 수 있는지 여러분의 소그룹원들에게 물어보십시오. 소그룹 모임에서 그들이 원하는 것이 무엇이고, 그것이 충족되고 있는지 물어보십시오. 그리고 모임의 분위기를 향상시키기 위해 리더가 해야 할 일이 무엇인지 그들에게 물어보십시오. 여러분의 소그룹원들에게서 여러분의 리더십에 대한 이야기를 들으십시오.

| 다시 한번 언급함으로써 '듣기'

나는 그룹원들이 말하는 것에 대해 명확하게 정리해주고 다시 한번 언급하는 것의 중요성을 알게 되었습니다. 어느날 밤 소그룹 모임에서 우리는 디모데전서 4장 12절의 말씀에 대해 나누고 있었습니다. "누구든지 네 연소함을 업신여기지 못하게 하고 오직 말과 행실과 사랑과 믿음과 정절에 대하여 믿는 자에게 본이 되어" 몇 개의 관찰 질문을 마친 후 나는 그룹원들에게 이렇게 물었습니다. "여러분이 모범을 보임으로써 다른 사람에게 영향을 미쳤던 경험에 대해서 나누어 볼까요?"

크리스티나가 먼저 시작했습니다. "고등학교 시절, 내 친구들은 나를 '목사'라고 부르면서 비웃었죠. 하지만 시간이 지남에 따라 그들은 내게 조언을 구하러 오기 시작했고, 곧 나는 나와 비숫한 사람들과 함께 작은 소그룹 모임을 시작할 수 있었답니다."

나는 그녀의 나눔에 이렇게 응답했습니다. "크리스티나는 다른 사람들에게 모범을 보임으로써 당신을 비웃는 사람들을 매혹시켰고, 조언도 해주었으며, 그들에게 사역도 할 수 있었군요. 좋은 이야기였습니다. 다른 사람의 이야기도 들어보죠." 이렇게 그룹원들의 이야기를 다시 한번 짚고 넘어가 주는 것을 통해 다음와 같은 유익들을 얻을 수 있습니다.

- 말하는 사람이 다시 한번 자신의 뜻을 명확하게 전할 수 있는 기회를 제공합니다. "제가 말하려던 것은 그게 아니에요. 제가 말하고 싶은 것은 이것이랍니다"라고 말할 수 있는 기회를 제공하여 분명한 의사소통이 가능하게 합니다. 사실 대화는 잠재적인 위험과 함정으로 가득 찬 힘든 과정입니다. 우리는 다른 사람들이 이야기하는 것을 이해한다고 생각하지만 종종 자신이 가지고 있는 편견과 경험이 그 의미를 변질시키기도 합니다. 때문에 우리가 이해한 내용을 다시 한번 언급함으로써 오해를 피하고 성경에 대한 논의를

전략

경영의 세계에서 배우기

유능한 전문 세일즈맨은 고객이 필요한 것이 무엇인지 이해할 때까지 말을 아낍니다. 아마추어는 고객이 자신을 이해해 주기(나는 최고의 상품을 가지고 있습니다)를 바라는 반면, 프로는 고객을 이해(나의 고객이 필요한 것은 무엇인가)하려고 애씁니다.

"…유능한 세일즈맨은 먼저 고객의 필요를 구하고, 아마추어는 단지 상품을 판다. 전문가란 고객의 필요에 대한 해결책을 파는 사람이다."[7]

－스티븐 코비

풍성히 할 수 있습니다.

• 앞 사람의 이야기를 다시 한번 말해 줌으로써 자신의 이야기를 나누는 것을 주저하고 부끄러워하는 이들에게 자신의 생각을 정리할 수 있는 시간을 더 줄 수 있습니다. 만약 여러분이 로마서 12장 17절에서 21절에 대해 다룬다면 이렇게 말할 수 있습니다. "죠, 말씀해 주셔서 감사해요. 정말 선으로 악을 이긴다는 것은 쉬운 일이 아닙니다. 그러나 죠가 말해 준 것처럼 우리의 권리들을 예수님께 복종하면 가능하겠지요."

• 리더는 앞 사람의 이야기를 다시 한번 말해줌으로써 훌륭한 경청자가 될 수 있습니다. 모임을 진행해야 하는 리더는 생각해야 할 것이 많기 때문에 누군가가 말하고 있을 때 그것에 온전히 집중하기보다는 마음속에 이러저러한 생각들을 떠올릴 수 있습니다. 하지만 그룹원들의 말을 다시 한번 언급해 주기 위해서는 그룹원들의 의견을 주의 깊게 들어야만 하므로 리더가 듣는 것에 집중하도록 도와줍니다.

• 어떤 사람의 이야기를 다시 언급해 준다는 것은 그 사람을 사랑하고 아낀다는 표시입니다. 그리고 그것은 리더가 신중하게 반응하고 있다는 것을 나타내주는 것입니다.

• 소그룹 모임 안에서 그 사람의 말을 적극적으로 듣지 않는 다른 그룹원들에게 도움을 줍니다. 다른 사람이 말하고 난 뒤, 사람들은 그것에 대해 다시 한번 생각해 보기보다는 자기의 이야기를 빨리 꺼내고 싶어하는 경향이 있습니다. 이때 다시 언급해주는 것은 모든 사람들이 그것에 다시 한번 집중할 수 있게 해줍니다.

| 자신의 질문에 스스로 대답하지 마라

"4절이 의미하는 것은 무엇일까요?" 한 소그룹의 리더인 존이 그룹원들에게 물어보았습니다. 그러나 이어지는 침묵. "4절이 무엇을 뜻하는지 함께 나누고 싶은 분이 아무도 안 계신가요?" 또다시 침묵. "그럼, 그 의미가 무엇인지 제가 말씀드리죠…." 이 순간 격려자여야 할 리더는 설교자로 바뀌게 됩니다.

여러분과 소그룹원들과의 대화는 마치 테니스와 같습니다. 질문을 했을 때, 여러분은 소그룹원들의 코트로 공을 넘긴 것입니다. 그리고 소그룹원들이 반응해 오기를 기다립니다. 하지만 대부분의 리더들은 오래 기다리지 못하고 자기 혼자 공을 쳐 넘기는 설교자가 되어버립니다. 이럴 때 소그룹원들은 속았다고 느낄 수 있습니다. '리더가 나와 대화를 나누기를 원하는 줄 알았는데…'라고 못마땅해할 것입니다. 그리고 리더가 모임의 대화를 독점하고 있다고 생각하기도 합니다. 많은 소그룹 리더들이 응답을 기다리는 동안 불안을 느끼기 때문에 재빨리 설교자로 자신의 역할을 전환해 버리는 것이지요.

여러분이 질문을 던지고 여러분이 대답을 한다면, 그것은 서로 나누기를 기대하지 않는다는 의사 표시일 수 있습니다. 사람들은 '그는 마치 우리의 이야기를 듣고 싶어하는 것처럼 유혹하는 질문을 던져 놓고는 자기 혼자서 대답을 다 해버리는군' 하고 생각할 것입니다. 그룹원들이 리더에 대해 이렇게 생각하게 된다면 그룹원들은 리더의 질문에 더 이상 대답하려고 하지 않을 것입니다.

리더는 이미 성경본문을 공부하면서, 그리고 그것에 대한 다른 관점들에 대해서도 고려해 보면서 그 질문에 대한 묵상 시간을 많이 가졌습니다. 하지만 여러분의 소그룹원들은 그 질문을 처음 듣는 것입니다. 그들은 질문을 듣고 많은 생각을 하고 있을 것입니다.

- 성경본문이 실제로 의미하는 것은 무엇일까?
- 이 질문에 뭐라고 대답해야 할까?
- 내 대답이 너무 모호하지 않을까?
- 누군가가 먼저 말을 꺼냈으면 좋겠는데….
- 다음 질문을 기다렸다가 대답해야겠다.
- 나는 이미 많이 얘기했어.
- 나는 저 질문의 대답을 모르겠어….

그리고 시간이 흐른 뒤, 마침내 머리에 '번쩍'하고 불이 들어올 것입니다. '바로 그거야. 이제야 알겠군. 그것에 대해 나누어야겠어.' 리더가 질문을 하고 난 후 처음 몇 초에서 몇 분간은 그룹원들이 질문을 소화시키는 시간입니다. 그룹원들이 질문을 씹어 삼키고 소화시킬 수 있는 시간을 주십시오. 소그룹원들이 대답을 정리하는 동안 리더는 걱정스럽게 생각할 것입니다.

- 이것이 좋은 질문이었을까?
- 질문을 올바르게 말했나?
- 왜 한 사람도 대답하지 않지?
- 누구 한 사람을 지적해 볼까?

• 참석자가 더 많았으면 좋았을텐데….

마침내 그룹원 중 누군가가 질문에 대해 나누기 시작할 때 소그룹 리더는 마치 구원을 받은 듯한 느낌과 안도감을 얻을 수 있을 것입니다. 사람들에게 질문에 대해 생각하고 대답할 시간을 주십시오. 랄프 네이버는 이것에 대해 다음과 같은 조언을 했습니다.

"나는 수년 전에 소그룹에서 주제를 명확하게 소개하고나서 나의 신발 끝을 응시하는 법을 배웠습니다. 그렇게 행동함으로써 그룹원들에게 나는 더 이상 그룹 내에서 어떤 대화가 일어나든지 간섭하지 않겠다는 것을 알렸습니다. 잠시 침묵의 시간이 흐르면 반드시 누군가가 이야기를 꺼내기 시작합니다. 말하는 사람은 나를 쳐다보며 동의를 구하기도 하고 인도해 주기를 기대하기도 하지만 나는 일부러 사람들과 눈을 마주치지 않습니다.

그러면 그룹원들은 내가 자유로운 대화를 위해, 토론을 인도하지 않는다는 것을 알게 됩니다. 그러한 자유로움 속에서 지체들은 격려자의 목소리 대신 모든 이의 머리가 되시는 예수님의 목소리를 듣기 시작합니다. 나는 솔직히 다음 모임에서는 하나님이 어떻게 역사하실지 기대되고 심지어는 '두렵기까지' 합니다."[8]

시도

침묵을 두려워하지 마라

일시적으로 소그룹 모임이 고요해지는 때가 있을 수 있다는 사실을 받아들이십시오. 그런 순간에는 아무 일도 일어나고 있지 않는 것처럼 보이지만, 하나님께서는 그때에도 강력하게 역사하고 계십니다. 소그룹 모임은 성취라기보다는 하나의 만남이기 때문에 소그룹 리더는 침묵에 놀라지 말고 그것을 인정하고 받아들일 수 있어야 합니다.

| 부가적인 대답을 요구하라

하나의 질문에 대답 하나가 나오는 그룹은 참여율이 저조한 것입니다. 현명한 리더는 그 이상을 원합니다. 그들은 그룹원들이 더 많이 말할 것을 원합니다. 그룹의 어떤 사람은 내성적이어서 대답을 하지 않을 수도 있습니다. 그래서 그들이 무엇인가를 말하기 위해서는 그 장벽을 깨뜨리는 용기가 필요합니다.[9]

| 조언을 하기 전에 동감하면서 들어라

사람들은 종종 치유 받기 위해 소그룹 모임에 참석하기도 합니다. 그들의 마음은 상처와 억압된 감정-주변 사람들에 의한 부주의한 비난과 경솔한 판단으로 인한 아픔, 거절당했던 기억, 결혼의 실패 등-으로 가득 차 있습니다. 어떤 이들은 아픔의 시간을 지내왔고 또는 다시 겪고 있으며 그래서 어떤 확신을 얻기 위해 소그룹에 참여합니다. 그들은 성장할 수 있고 돌봄을 받을 수 있으며 천천히 치유받을 수 있는 친밀한 공동체를 필요로 합니다.

사람들은 그룹 내에서 실질적으로 자신에 대해 나눌 수 있는-4번째 단계의 대화를 할 수 있는-용기를 내야만 합니다. 이렇게 자신을 개방하기 위해서는 인내가 요구됩니다. 그리고 투명하게 자신을 나누기 위해 나뭇가지에 발을 내딛은 사람은 그 가지가 부러지지 않을 것이라는 사실을 믿어야 합니다. 그러므로 그룹이 그들에게 보이는 반응은 그 사람을 치유할 수도 있고 더

조언 주고받기

그룹원들이 가지고 있는 짐들을 내려놓고 함께 나누기 시작할 때, 그룹원들은 다른 무엇보다도 다른 사람들의 이야기에 귀를 기울이고 잘 들어야 합니다. 자신의 이야기를 나누는 사람들도 가끔은 충고나 상담보다는 단지 들어주고 이해해 주는 귀를 원합니다.

- **말하는 자를 격려하는 태도**
  - 들은 것을 여러분의 말로 이해하여 다시 언급하십시오.
  - 다른 이들이 그것에 대해 더 나눌 수 있도록 열린 방식으로 주장을 끝내십시오.
- **말하는 자가 실망을 느끼는 태도**
  - 자기 생각만을 계속 주장하는 것은 그들의 의견에 당신이 찬성하지 않는다는 것을 나타내며, 대화를 중단시킵니다.
  - 상황을 잘 알지도 못하면서 성급하게 충고하지 마십시오.
- **다른 이들이 당신의 귀와 조언을 구할 때 말하는 방법**
  - 여러분이 충고나 조언을 할 때, 그들이 몸짓으로 무엇이라 말하는지 살피십시오.
  - 그들이 계속 말할 수 있도록 대답은 짧게 하십시오. 그들은 지속적으로 그 문제에 대해 말하고자 하며 또는 주장을 비꾸려 히고 혹온 여러분과의 상담을 원하고 있습니다.

큰 거부감을 느끼게 할 수도 있습니다.

대부분의 사람들은 자신이 가지고 있는 문제를 머리로는 이해하고 있습니다. 그럼에도 그것을 사람들과 나누고 싶어하는 이유는 무엇일까요? 그들은 자신의 이야기를 경청하는 귀와 다른 사람들의 이야기를 들을 수 있는 기회를 얻기 원하기 때문입니다.

말씀이 명하는 대로 순종하고 그렇게 살아보려는 사람들에게 경청과 공감의 마음 대신, 채찍질과 창을 찔러놓는 리더는 대개 이렇게 말합니다. "하나님은 거룩하신 분이며 우리의 죄를 미워하시지 않나요?" 맞습니다. 그러나 우리는 하나님이 아닙니다. 우리의 연약함과 슬픔을 동정하시는 그분의 마음도 헤아려보십시오. 우리는 그렇게 행해야 합니다.

누군가가 곤경에 처해 있을 때 이렇게 말하지 마십시오. "당신은 오직 주님만을 신뢰해야 합니다. 예수님의 부름을 받은 자들은 곧 하나님을 사랑하는 자들이고, 이들에게는 모든 일이 선을 이룬다는 사실을 알고 계시지요?" 물론 옳은 말이기는 합니다만, 이것은 상처로 신음하는 사람에게 도리어 소금을 뿌리는 것과 다를 바가 없습니다.

하나님의 사람은 조언을 하기 전에 그 사람의 짐을 나누어질 줄 알아야 합니다. 지금 아픈 가슴을 부여안고 자신의 삶을 나누고 있는 그 사람은 섣부른 충고보다는 단지 자신의 이야기를 들어주기를 기대하고 있는 것입니다.

로베르타 헤스틴Roberta Hestens은 "그룹원들은 주의 깊게 들어주

통찰

성공적인 공감의 사례

1992년 우리의 둘째 아이가 사산되었을 때, 친구 조지는 나에게 다가와 아무 말 없이 내 어깨에 손을 얹어주었습니다. 나에게는 아픔의 시기였던 그때, 그는 다른 누구보다 나에게 도움을 주었습니다. 소그룹 사역에서 누군가 영혼의 짐을 내려놓을 때까지 나머지 소그룹원들이 그 짐을 나누어지고 마음에서 우러나오는 진정한 교제를 해야 합니다. 최고의 치유는 경청입니다.

는 대신 그 문제에 대해 섣부른 충고하기를 즐깁니다. 이렇게 충고하는 것을 좋아하는 방식은 오히려 해롭습니다"라고 말합니다.[10]

나는 깊은 이해를 위해서는 어느 정도의 침묵의 시간이 필요하다고 믿습니다. 그때 서로의 짐을 받아들이고 나누어지는 준비를 하는 것이지요. 그룹원들이 그 사람과 같은 마음을 가지게 됨으로써 신중한 조언을 해줄 수 있을 것입니다.

"조안, 친구가 암에 걸렸다는 소식에 당신이 얼마나 놀라고 두려워했을지 짐작이 가요. 나의 형도 암에 걸렸었는데, 그때 나도 그런 감정을 느껴 보았답니다. 나는 왜 하나님이 나에게 이러한 시련을 주셨는지 궁금해하면서 매일매일 슬픔과 싸웠었죠. 그때 하나님께서 나에게 그분의 힘을 보여주셨답니다…."

소그룹 모임이 어떤 사람의 이야기에 공감하며 경청할 때, 지난 상처가 사라지고 그리스도 안에서 새로운 모습이 나타날 것입니다.

소그룹 리더들이여, 여러분의 소그룹원들에게 딱 들어맞는 대답을 찾기보다 먼저 다른 사람들의 이야기를 경청하라고 조언하십시오. 그들이 어떤 것을 행하기 원한다면, 먼저 본을 보이십시오. 사람

 통찰

사람을 대하는 방법

"만약 사람들을 그들의 비전에 맞게 대한다면, 여러분은 그들이 발휘할 수 있는 능력만큼의 사람으로 그들을 세우게 될 것입니다."[11]

－빅터 프랭클(Viktor Frankl)

들은 그런 당신을 보며 행동으로 당신을 따를 것입니다. 치유의 공동체를 준비하는 것은 어느 정도 시간이 걸리는 일이기는 하지만 기다릴 만한 가치가 있는 일일 것입니다.

| '듣기'의 핵심 : 다른 사람들

바울은 빌립보교회에 다음과 같이 조언하고 있습니다. "아무 일에든지 다툼이나 허영으로 하지 말고 오직 겸손한 마음으로 각각 자기보다 남을 낫게 여기고 각각 자기 일을 돌아볼 뿐더러 또한 각각 다른 사람들의 일을 돌아보아 나의 기쁨을 충만케 하라"(빌 2:3~4).

그리고 그는 이렇게 덧붙였습니다. "내가 디모데를 속히 너희에게 보내기를 주 안에서 바람은 너희 사정을 앎으로 안위를 받으려 함이니 이는 뜻을 같이 하여 너희 사정을 진실히 생각할 자가 이 밖에 내게 없음이라 저희가 다 자기 일을 구하고 그리스도 예수의 일을 구하지 아니하되"(빌 2:19~21).

바울은 디모데가 진정으로 그들이 필요로 하는 것에 관심을 기울일 것을 알고 있었기에 그를 교회로 보내는 것을 즐거워하였습니다.

"주님, 다른 이들을 위하는 것이 나의 좌우명이 되게 하소서. 다른 이들을 위해 살도록 도와주소서. 그래서 저를 당신과 같이 되게 하소서."[12]

소그룹 리더는 그룹원들의 이야기를 적극적으로 들음으로써 자신의 사랑을 실질

적으로 표현할 수 있습니다. 소그룹원들은 자신의 리더가 경청하는 사람이라는

것을 깨닫게 되면, 더욱더 자유롭게 자신들의 이야기를 나누게 될 것입니다.

그러므로 다음의 사실들을 기억하십시오.

- 소그룹 구성원들의 대답이 여러분의 것보다 우선합니다.
- 적극적으로 그리고 진정으로 다른 사람의 이야기를 들으십시오.
- '말하여지지 않는 것'에 귀를 기울이십시오.
- 여러분의 리더십에 대한 구성원들의 평가를 구하십시오.
- 여러분 혼자 질문하고 답하지 마십시오.
- 한 사람이 나눈 후에는 그 의견에 대해 그룹원들이 이야기하게 하십시오.
- 그룹원들이 섣부른 조언을 하기보다는 먼저 이야기를 듣게 하십시오.

07

격려하는 혀

—모임을 세우는 리더의 대화법—

혀는 사람을 격려할 수도 있고, 낙심케 할 수도 있으며
심지어 파괴시킬 수도 있습니다.
소그룹 리더는 격려하는 말을 해야 합니다.
"사람은 입에서 나오는 열매로 하여 배가 부르게 되나니
곧 그 입술에서 나는 것으로 하여 만족하게 되느니라"(잠 18:20).

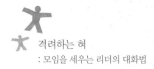

통찰

영향력

"다른 이들에 대한 우리의 영향력이 얼마나 깊고 넓을 수 있느냐는 우리가 얼마나 다른 이들에게 관심을 보이느냐에 달려 있습니다."

'community'(공동체), 'communion'(모임), 'communication'(대화/교제). 이 세 단어가 모두 비슷하게 소리나는 것은 결코 우연이 아닙니다. 이 단어들은 '함께'와 '하나'라는 뜻을 가지는 라틴어에 어원을 두고 있습니다. 이것은 하나로 그리고 함께 공존하는 것을 내포하고 있습니다. 이것들은 모두 모임을 인도하는 대화에 관한 것입니다. 이와 같이 소그룹 모임은 교인들이 하나님의 말씀과 '대화'를 나누고, 그것을 삶에 적용하게 함으로써 그들이 하나님과 다른 사람들이 함께하는 공동체 안에서 자라게 합니다.

소그룹 리더는 말로 그룹원들을 격려함으로써 모임의 분위기를 만들어 갑니다. 그들의 목적은 구성원들을 세워주고, 훈련시키며, 그 과정에서 그들을 변화시키는 것입니다.

절친한 친구 하나가 언젠가 나에게 이렇게 말했습니다. "나는 기술적인 관점에서 보면 꽤나 잘 인도되었던 소그룹 모임을 많이 알고 있지. 그러나 그런 모임들은 힘이 부족하더군. 왜냐하면 그들은 서로 친밀함을 나누지 않았던 거야."

여러분, 다른 사람의 이야기를 경청하는 법, 효과적으로 질문하는 법, 격려하는 법, 자신을 투명하게 드러내는 법에 대한 모든 것을 잘 알고 있음에도 소그룹 모임이 실패할 수 있다고 생각합니까? 나는 그럴 수 있다고 생각합니다. 친밀한 공동체를 이루는 것은 완벽한 기술이 아니라, 구성원들이 서로 대화하고 교제를 나누는 것이기 때문입니다.

| 탁월한 대화 격려법

나는 소그룹 리더가 그룹원들이 대답을 할 때마다 약간의 비평을 하는 모임을 기억하고 있습니다. 그 모임의 리더였던 짐은 늘 이렇게 말했습니다. "당신이 하는 말은 거의 맞아요." "아니요. 정확하게 말하자면 그것은 아니지만, 그래도 당신은 정답에 좀 더 근접했네요." 그러자 그룹원들은 리더가 원하는 정답을 찾기 위해 다시 분주해졌습니다.

나는 그 모습을 바라보며 '꼭 장학퀴즈 모임 같군' 하고 생

아이디어 전체를 거부하지 말라

어떤 아이디어가 제시되었을 때 그것이 틀리더라도 절대로 그 전부를 거부하지는 마십시오. 그 아이디어에서 좋은 점을 찾아보려고 노력하십시오. 그리고 전적으로 동의하지 않더라도 그 아이디어를 낸 사람에게 감사하십시오.

잘못된 대답에 올바르게 반응하는 3가지 방법

• **질문을 잘못 전달했음을 인정함**
"질문을 명확하게 설명하지 못했던 것 같습니다. 제가 실제로 묻는 것은…."

• **바른 예를 들어줌**
"제가 말하고자 했던 것의 실례를 한번 들어보죠. 그것은…."

• **다른 이들에게 올바른 답을 이야기하게 함**
"흠, 다른 분들은 어떻게 생각하나요?"

각했습니다. 짐이 마지막으로 질문을 몇 개 더 던졌을 때, 그룹원들은 서로 대답하는 것을 미루고 있었습니다. 아무도 틀린 답을 말해 당황스런 상황을 맞이하길 원하지 않았기 때문입니다.

여러분은 그룹원들이 말할 때, 언제나 그 응답 안에서 좋은 점을 찾을 수 있어야 합니다. 그룹원들이 대화에 참여한다는 것 자체가 이미 그룹에서는 긍정적인 것입니다. 비록 틀린 대답이라 할지라도 마음 놓고 할 수 있도록 하십시오. 비록 여러분이 그 사람의 말에 완전히 동의할 수 없더라도, 그 사람이 말하길 잘했다는 생각이 들도록, 급하게 또는 단적으로 평가하지 마십시오. 옳고 그름과는 상관없이 참여해준 것에 대해 먼저 감사하십시오.

UCLA 농구팀의 코치인 존 우든John Wooden은 선수들을 모아놓고 점수를 올린 선수는 패스를 해준 동료에게 미소를 지어주거나 윙크를 하던지, 아니면 고개를 끄덕여 고맙다는 표시를 하라고 말했습니다. 그러자 한 선수가 이렇게 물었습니다. "그가 내 쪽을 바라보지 않는다면 어떻게 하죠?" 우든은 "나는 그가 분명히 바라볼 것이라고 장담한다"라고 대답했습니다.

모든 사람들은 격려에 가치를 두며, 그것을 추구합니다. 특히나 모임의 리더가 지속적인 격려자일 경우는 더욱 그렇습니다.

전략

만약 교리적으로 잘못된 대답을 하는 사람이 있다면?

만약 어떤 사람이 성경에 맞지 않는 대답을 하더라도 일단 대답해준 것에 대해 감사를 표하고, 그후에 진실을 가르쳐주는 성경구절을 함께 읽어주거나, 이렇게 말하십시오. "대답 감사합니다. 이 문제는 더 연구해 보아야겠군요. 다음 주에 이것에 대해 다시 나누어도 괜찮겠습니까?"

| 말 많은 사람 다루기

소그룹 모임은 열린 나눔을 활성화시킬 수 있도록 따뜻한 분위기를 제공해야 합니다. 이것이 지극히 바람직한 소그룹 모임이라 할 수 있습니다. 그러나 그런 모임에도 위험은 있습니다. 어떤 사람들은 자기의 의견이 부정적이거나 다분히 논쟁적일 것을 알면서도 자신이 똑똑하다는 사실을 인정받기 위해 자신의 주장을 굽히지 않습니다.

이런 사람들은 자기의 목소리를 듣기 좋아하며, 자신의 통찰력이 다른 사람보다 뛰어나다고 생각합니다. 그들은 언제나 대화의 주인공이 되기를 원하며, 대화를 독점하여 이들이 이야기하는 동안에는 그 누구도 말할 수 있는 기회를 갖지 못합니다. 따라서 이런 사람들의 행동을 적절하게 통제하지 못한다면, 조만간에 그 소그룹의 그룹원들은 그 사람의 말과 행동 때문에 분노하게 될 것입니다.

말이 많은 사람을 다루는 것은 아마도 소그룹 모임에서 가장 힘든 일 중에 하나일 것입니다. 나는 앞서 소그룹 리더가 모임의 대화를 주도해서는 안 된다고 강조했었습니다. 이것은 또한 한두 명의 소그룹원들이 대화를 독점해서는 안 된다는 뜻이기도 합니다.

소그룹 리더는 모임의 문지기이며, 또한 보호자이기도 합니다. 그렇기 때문에 모임이 자유로워야 한다고 해서 한 사람이 모임을 독점하는 것을 방치해서는 안 됩니다. 그렇게 되면 도리어 각 그룹원들의 자유로운 의사 표현이 불가능하게 될 것이라는 사실을 알아야 합니다.

말 많은 자

"지나치게 말이 많은 사람은 그룹의 생명력을 약화시킬 수도 있습니다."[1]

지금까지 소그룹 모임을 인도해 오면서 나는 말이 많은 사람을 세 명이나 상대해야 했습니다. 나는 그런 사람들과 서로 맞서야 했으며, 항상 긴장하고 있어야 했습니다. 나는 그들에게 사랑을 보여야 할지 강한 통제를 해야 할지 매일 갈등했습니다. 왜냐하면 내가 그들에게 사랑을 주려고 애쓰면 그것을 무시하는 것 같았고, 통제하려고 하면 내가 그들을 사랑하지 않는다고 여길 것 같아 불안해지고는 했기 때문입니다.

그래서 이런 문제에 봉착한 리더들을 위하여 문제를 극복할 수 있는 실제적인 조치들을 적어보았습니다.

• 조금이라도 눈을 덜 마주치기 위해 말이 많은 사람 옆에 앉으십시오. 그에게는 격려가 그다지 필요없습니다. 그는 리더인 여러분과 눈이 마주친다거나, 고개를 끄덕이는 것을 본다거나, 자신의 이야기를 경청해주는 것을 느끼면, 자신에게 계속 말하라고 격려하는 것으로 받아들입니다. 그러므로 그 사람의 옆 자리에 앉아 그와 눈이 마주치는 것을 피함으로써 그 사람을 격려하고 있지 않다는 신호를 보내야 하는 것입니다.

• 다른 사람들이 이야기를 할 수 있도록 이름을 불러줍니다. 모임의 리더가 한 사람을 지목해 대답을 듣는다는 것은 '다른 사람들은 잠시 기다리십시오'라는 의미가 됩니다. 예를 들어 짐이 조금 전 두 개의 질문에 대한 대답을 모두 독점했습니다. 그러면 리더는 그 다음 질문을 던지며, 쥬디의 이름을 불러 쥬디가 이야기할 수 있게 하고, 쥬디의 대답이 끝나면 마크를 호명해 대답하게 합니다. 한 개인의 이름을 불러 대답을 요구함으로써, 여러분은 말 많

은 사람이 대화를 독점하는 것도 막을 수 있고, 리더로서의 책임을 다하여 그룹의 대화를 이끌어 나갈 수도 있는 것입니다.

• 말이 많은 사람이 어떤 주제에 대해 혼자 독점하면서 이야기하고 있다면, 다른 주제로 화제를 돌리십시오. 그렇게 함으로써 그 사람이 말을 멈추게 된다면 이것만큼 과감한 수단은 없을 것입니다. 소그룹에서 세미나를 하던 중 내가 이 수법을 썼을 때 많은 사람들이 왁자하게 웃었습니다. 그들은 내가, 다른 사람들에게도 말할 기회를 주기 위해, 다른 주제로 이야기를 돌릴 준비를 하고 말 많은 사람이 잠시 말을 멈추는 순간을 기다리고 있는 모습을 상상할 수 있었던 것입니다. 그룹의 리더라면 한 사람이 모임을 독식하는 것을 방어해야 합니다.

• 그 사람에게 직접적으로 말하십시오. 그런 사람들은 종종 소그룹의 목적을 이해하지 못합니다. 그들은 다른 이들도 자신의 해박한 지식과 영적 지혜를 필요로 한다고 착각합니다. 그러므로 그들은 소그룹의 목적이 모든 사람들이 참여하여 서로 나누는 사

전략

예수님이 말씀하신 개인적인 만남

예수님은 이에 대해 다음과 같이 말씀하셨습니다. "네 형제가 죄를 범하거든 가서 너와 그 사람과만 상대하여 권고하라 만일 들으면 네가 네 형제를 얻은 것이요"(마 18:15). 말이 많은 사람에게 개인적으로 다가가서 될 수 있으면 많은 사람들이 나눔에 참여하는 것이 왜 중요한지 자세히 설명하십시오.

실이라는 것을 절대 깨닫지 못합니다. 차라리 리더인 여러분이 모임 전후에 개인적인 면담을 요청하여 그 사람에게 직접적으로 말하는 것이 문제를 빨리 해결할 수도 있습니다.

• 만약 위의 방법들을 써 보았는데도 문제가 해결되지 않는다면, 여러분의 윗사람에게 도움을 청하십시오. 예를 들어 여러분을 감독해 주는 사람이나 목사님, 또는 G-12리더 같은 사람들에게 말입니다. 대부분의 경우, 그들은 이런 문제를 다루는 데 있어 여러분들보다 경험도 많고 그만큼 갈등을 해결할 수 있는 멋진 해결책을 제시해 줄 수 있을 것입니다.

• 대화를 독점하고 있는 사람에게 모임을 보다 참여적으로 만들 수 있게 도와달라고 부탁해 보십시오. 뉴저지에서 소그룹 세미나를 하고 있을 때였습니다. 세미나가 끝나고 자신의 소그룹 모임을 훌륭하게 이끌어가고 있던 소그룹 리더 한 명이 나에게 다가와 이렇게 말했습니다. "나는 매시간 끊임없이 말하는 사람들을 다루는 아주 좋은 방법을 하나 발견했어요. 그 사람에게 모임의 취지를 설명해 주고 다른 사람들도 말할 수 있도록 리더인 나를 도와달라고 부탁하는 거예요." 이것은 아주 의미 있는 조언이었습니다. 소그룹 모임의 보다 큰 목적과 이 목적을 이룰 수 있는 참여 방법을 그 사람이 이해한다면, 말이 많던 그 사람도 변화할 것입니다.

• 모든 사람이 한 번씩 자신의 의견을 말할 때까지는 누구도 두 번 말할 수 없다는 규칙을 정하십시오. 이러한 규칙은 어느 정도 성숙한 그룹에서 아주 효과적입니다. 하지만 그룹에 불신자들이

많다면, 그들을 고려하여 적용하여야 합니다. 모임의 사람들에게 그 규칙의 목적은 말없이 조용히 있는 사람들에게 더 많이 참여할 수 있는 기회를 주기 위한 것이라고 설명해 주십시오. 이렇게 설명함으로써 말이 많은 사람들에게 다른 사람들도 나눌 때까지 기다려야 한다는 것을 다시 한번 분명하게 상기시켜 줄 수 있을 것입니다.[2]

| '열린 대화' 유지하기

 통찰

모임 내의 갈등 다루기

모든 모임에는 다툼이 있습니다. 문제는 그들이 올바르게 다투고 있는가 하는 것입니다. 갈등을 피하기만 하는 것으로는 문제를 해결할 수 없습니다. 험담을 하거나 뒤에서 수근거려도 안 됩니다. 갈등을 빚고 있는 사람에게 조용히 다가가 서로의 행동과 동기를 세울 수 있는 좋은 질문들을 나누고, 상황에 따라서는 용서를 주고 받는 것이 유일한 해결책일 것입니다. 만약 이런 것이 잘 되지 않으면 당신을 도와줄 수 있는 사람을 통해 해결하려고 노력하십시오.

코니 컨플릭트conflict : 갈등와 애니 앵거anger : 분노는 옆집에 사는 이웃인데 서로 매우 미워하는 사이입니다. 물론 많은 우여곡절이 있겠지만, 둘 사이의 적대감이 언제부터 시작되었는지는 아무도 모릅니다. 그들은 이제 모임 안에는 다른 사람들도 있다는 사실도 무시해버리고[3] 아예 대놓고 싸우기 시작합니다. 그 두 사람은 서로 모임을 떠나지 않을 것이며, 상대방이 이기게 놔두지도 않을 것이라고 단호하게 선언했습니다. 이런 두 사람이 여러분의 모임에 있다면 여러분들은 무엇을 어떻게 해야만 할까요?

사도 바울은 그가 시작했던 빌립보교회에서 이러한 갈등에 부딪혔습니다. 그는 두 사람에게 서로를 용서하라고 말했습니다. "내가 유오디아를 권하고 순두게를 권하노니 주 안에서 같은 마음을 품으라"(빌 4:2). 이유가 무엇이든 간에 그들은 빌립보교회를 둘로 갈라놓았습니다. 매튜 헨리는 빌립보교회의 갈등에 대해 이렇게 지적했습니다.

갈등의 잠재적인 영역

소그룹에서 갈등은 왜 존재하는가?

- 각 사람들은 소그룹에서 자신들의 문제들이 해결되기 원하며, 갈등 같은 골치 아픈 일들은 일어나지 않을 것이라고 기대합니다. 사람들은 보통 소그룹 모임에서 진지한 성경공부, 지극히 높은 경배, 영적 전투, 분석적인 상담, 은사를 가진 리더가 인도하는 수업, 복음전도 캠페인 등을 기대합니다. 이러한 기대가 충족되지 못하면 갈등이 일어나는 것입니다.

- 어떤 성격을 가진 사람들끼리는 서로 조화를 이루기가 어렵습니다. 모임의 그룹원들이 그리스도인이라고 해서 그들이 항상 잘 조화를 이루는 것은 아닙니다.

- 그룹원들은 각자 다른 방식으로 모임에 참여합니다. 조용한 그룹원과 말을 많이 하고 싶어하는 그룹원들은 서로 많이 다르기 때문에 갈등이 발생할 수 있습니다.

- 어떤 소그룹원들은 소그룹을 인도하는 리더의 방식에 찬성하지 않을 수도 있습니다. 아마도 그들은 다른 방식으로, 예를 들어 더 지배적이고 단호하며 혹은 더 민주적으로 인도하는 리더를 바랄 것입니다.

"종종 복음의 일반적인 교훈을 특정한 사람이나 상황에 적용해볼 필요가 있습니다. '유오디아'와 '순두게'는 서로 사이가 안 좋은 것을 공공연히 드러내었고, 교회에는 나쁜 영향을 미쳤습니다. 공적이든(아마도 그들은 서로 소송 중이었을 수도 있습니다) 종교적인 이유이든 간에, 그들은 서로 다른 견해와 의견을 가지고 있었을 것입니다."[4]

우리들 대부분은 다음과 같은 격언처럼 살아갑니다. "어떠한 경우라도 갈등은 피하라." 그러나 여러분이 어떤 일을 하든지, 그리고 이웃과 할 수 있는 한 평화를 유지하려 노력해도 갈등과 마찰은 일어납니다. 그럴 때는 다음과 같은 중국 격언을 기억하십시오. "다이아몬드는 세공─마찰을 통한─을 하지 않고는 빛을 발할 수 없고, 사람은 시련을 겪어보지 않고는 완벽해질 수 없다."

문 앞에 다음과 같은 표어를 내건 소그룹 모임이 있다고 한 번 생각해 봅시다.

"갈등을 기대하고 환영하라."

대부분의 사람들은 그 표어를 보고 혼란에 빠지겠지만 사실 우리는 갈등을 통해 좀 더 나은 상황으로 나아갈 수 있고, 성장할 수 있습니다. 또한 갈등을 통해, 그룹 내에서 평가할 필요가 있는, 숨겨져 있던 가치와 가설들이 겉으로 드러날 수도 있습니다. 뿐만 아니라 그룹원들이 소그룹에서 긍정적이거나 부정적인 감정들을 표현할 수 있다는 것은 그 소그룹이 진정한 의미에서의 소그룹으로 발전했다는 것을 의미합니다.

결국 소그룹은 서로 다른 의견들로 인한 갈등을 해결해 나감으로써 새로운 이해의 단계로 나아가게 됩니다. 피셔Fisher와 엘리스Ellis는 이렇게 말했습니다. "함께 싸우는 그룹이 함께 지낸다."[5]

갈등을 겪고 있는 사람들을 다루는 최선의 방법은 무엇일까요?

첫째, 문제를 인정해야 합니다. 덤불 아래 문제를 숨기는 것은 그룹원들 사이에서 의혹을 증폭시킬 뿐입니다. 사실 소그룹원들은 갈등이 있다는 것을 다 알고 있습니다. 숨길 필요가 없습니다. 이렇게 말씀해 보십시오. "당신이 흥분한 걸 알고 있습니다. 그럼 우리 한번 차이를 보이는 의견에 대해 이야기해 볼까요?" 갈등이 생기면 먼저 그것을 인정하고 공개하십시오. 그렇지 않으면 갈등을 해결할 수 없습니다.

갈등을 인정하는 발언의 예를 보겠습니다.

"여러분 모두는 이 문제에 대해 서로 다른 의견을 갖고 있기 때문에 몹시 흥분한 것처럼 보이는군요. 저는 여러분들이 자신의 의견에 대한 분명한 확신이 있음을 잘 알겠습니다. 하지만 여러분들이 자신의 생각을 확실하게 말하는 것처럼 다른 사람의 의견도 경청하고 있는지는 의심스럽습니다. 왜냐하면 어느 누구도 다른 사람의 의견 속에 자신의 의견과 공통점이 있다는 것을 인정하거나 말하려고 하지 않기 때문입니다. 저는 여러분에게 우리가 잠시만 격론을 멈추고, 서로 일치하는 것과 그렇지 않은 것들을 명확히 해볼 것을 제안합니다. 그렇게 하는 것이 어떻겠습니까?"[6]

둘째, 기도입니다. 기도하지 않고서는 갈등을 해결할 수 없습니다. 여러분은 지혜와 분별을 달라고 하나님께 기도해야 합니다.

셋째, 서로 적대적인 감정을 지닌 사람들이 있다면, 개인적으로 따로 말씀하십시오. 만약 두 사람 모두 모임에 남기를 원한다면, 여러분은 그들의 논쟁으로 인해 소그룹 모임이 분열되지 않도록 또한 불편한 분위기를 조성하지 못하도록 해야 합니다. 그들을 각각 따로 만나 규칙에 대해 명확히 설명하십시오. 만약 그래도 갈등이 해소되지 않는다면, 그들을 회개하지 않고 죄에 머물러 있는 사람으로 대하십시오.

만약 리더인 여러분과 그룹의 다른 사람 사이에 문제가 있다면, 그 사람을 개인적으로 따로 만나 이야기하는 것이 최선의 방법입니다. 주님의 방식을 사용하십시오. "네 형제가 죄를 범하거든 가서 너와 그 사람과만 상대하여 권고하라 만일 들으면 네가 네 형제를 얻은 것이요"(마 18:15).

만약 두 구성원 간의 갈등을 목격한다면, 리더로서 그들에게 서로 개인적으로 이야기하고 해결하라고 격려하십시오. 해결되지 않는 갈등은 마치 밀린 채무와도 같습니다. 언젠가는 해결해야 하는 것이죠. 서로에 대한 갈등으로 인해 좌절을 겪은 그룹원은 소그룹 모임에 악영향을 미칩니다.

넷째, 갈등하는 사람들에게 서로의 의견을 잘 듣게 하십시오. 서로 갈등하는 두 무리를 살펴보면, 그들은 대화를 나누면서도 서로의 주장에서 정보를 누락시키고, 왜곡하는 경향이 있습니다. 그러므로 그들에게 다른 사람들의 경험이나 상황에 공감을 해보며, 적극적으로 타인의 이야기를 들어보라고 요청함으로써 이 문제를 해결하십시오. 그들이 사람이 아닌, 의견이나 주장을 비판하도록 도와주십시오. 모든 관점을 이해할 수 있도록 하십시오.

다섯째, 직접적으로 갈등에 영향을 받은 사람들만 불러 모아 해결하십시오. 그룹 내의 모든 갈등이 반드시 공개되어야 하는 것은 아닙니다. 공개할 필요가 없는 것도 있습니다. 그럴 때는 그 갈등에 관계되어 있는 사람들만 따로 모아 모임 밖에서 처리하십시오. 물론 소그룹원 모두가 문제 해결에 포함되어야 하는 경우도 있습니다. 그러나 되도록이면 관계 회복이 필요한 사람들끼리, 외부에는 알리지 않은 상태에서 해결하는 것에 중점을 두십시오.

| 벽이 없는 대화

소그룹 모임에서 의견 차이가 일어날 때 그것이 여러분의 리더십이나 인격에 대한 도전이라고 여기지 마십시오. 견해의 차이를 인정하고 환영한다면 서로의 의견에 대한 이해력을 높일 수 있을 것입니다. 소그룹 모임에서 다른 이들이 견해의 차이를 보인다면 리더는 이것을 권위에 대한 도전이 아닌 또 다른 관점의 이해를 위한 기회로 여겨야 할 것입니다.

한번은 나의 절친한 친구 레네 나란요Rene Naranjo가 그의 소그룹에서 견해의 차이를 포용하는 방법을 보고 나는 깊은 감명을 받은 적이 있습니다. 그는 불신자들이 예수님을 받아들이고 그분께 나아가기 위해서는 어느 정도의 공백이 필요하다는 것을 알았습니다. 그들은 비록 믿는 사람들과는 다른 관점을 가지고 있지만, 그래도 인정받는다는 느낌은 필요로 하는 자들이었음을 알았던 것입니다.

그리하여 그는 그들에게 무조건적인 사랑과 수용을 보여주었고, 그를 통해 수십 명의 불신자들이 서서히 그리스도를 영접하게 되었습니다. 또한 소그룹 내에서 의심을 가진 자들도 지속적으로 모임에 참석하게 함으로써 결국은 그 의심을 다 버리고 예수님의 사랑에 녹아내리게 하였습니다.

남들과는 다른 의견이 제기된다면 그것을 주제를 확대하는 데 이용하십시오. 다양한 시각들을 통해 토론을 확대시키는 유익을 얻을 수 있습니다. 그리고 사람들이 말하는 것에 감사하는 것을 잊지 마십시오.

성공적인 대화가 사람들을 모임으로 인도한다는 것을 기억하십시오. 여러분의 소그룹이 더 성공적으로 대화하는 법을 배움에 따라―갈등이 있더라도―여러분은 하나님이 함께하시고 사람들이 함께하는 공동체에서 성장하게 될 것입니다.

| 모임을 세우는 대화

"또 약속하신 이는 미쁘시니 우리가 믿는 도리의 소망을 움직이지
말고 굳게 잡아 서로 돌아보아 사랑과 선행을 격려하며 모이기를
폐하는 어떤 사람들의 습관과 같이 하지 말고 오직 권하여 그날이
가까움을 볼 수록 더욱 그리하자"(히 10:23~25).

　　다른 이들이 사랑과 선행을 실천하도록 격려하는 가장 좋은
방법 몇 가지를 소개하고자 합니다.

• 누군가가 문을 열고 들어오는 그 순간부터 관심을 보여줌으로
써 시작하십시오. 미소를 보내거나 포옹을 해주어도 좋습니다.
언젠가 내가 토니의 소그룹 모임을 방문했던 적이 있습니다. 그
때 내가 누구보다도 먼저 도착했고, 토니는 나를 문에서 맞이하
며 꼭 껴안아주었습니다. 그리고는 나에게 음료수를 대접했고,
자리를 마련해주며 잠시만 앉아 사람들을 기다려 달라고 정중하
게 말했습니다. 나는 환영받는다는 느낌에 매우 기분이 좋았습니
다. 토니는 자기 일을 하고 있을 수도 있었고, 시계를 보며 사람
들을 기다릴 수도 있었으며, 걱정하는 모습을 보일 수도 있었고,
나에게 그저 자리만 정해주고 앉아 있으라고 말할 수도 있었습니
다. 그러나 그는 내가 환영받는다는 느낌이 들게 해주었고, 나에
게 진정한 돌봄과 관심을 보여주었습니다. 여러분들도 이렇게 하
십시오.

• 모임 내내 열의와 성의를 다해 사람들에게 응답하십시오. 즉, 학습, 경배, 기도, 아이스 브레이크 등 모든 순서에 최선을 다하라는 것입니다. 열정은 다혈질의 사람들만이 가질 수 있는 것이 아닙니다. 우울질의 사람도 열정을 나타낼 수 있습니다.

• 일주일 동안 여러분의 소그룹원들을 위해 기도하십시오. 가능하다면 매일 하는 것이 좋습니다. 그리고 여러분이 그들을 위해 기도하고 있다는 사실을 알리십시오. 여러분들의 소그룹원들은 리더가 자신들을 위해 기도하고 있다는 사실을 알게 되면, 보호와 사랑을 받는다고 느끼게 될 것입니다.

• 그들의 개인적인 삶에 대한 질문을 하십시오. 일반적으로 이런 질문을 하기에 가장 적당한 시간은 모임 전후의 시간들입니다. 그들의 가족, 일, 꿈, 비전에 대해 물어보십시오. 그리고 주일날 그들을 교회에서 보게 되면, 인사를 하고 관심을 보여주십시오. 여러분의 지식이 부족하더라도, 여러분의 양을 따뜻하게 돌봄으로 목자의 역할은 완수할 수 있습니다.

• 그들의 육신적인 필요를 살피고, 그것을 채워주려고 애쓰십시오. 소그룹 모임에 참가하는 파울과 엘리자베스가 재정적으로 고통을 받고 있다는 것은 우리 교회에서 나와 내 아내만이 알고 있었습니다. 그래서 우리는 소그룹 모임의 기도 시간에 그들의 개인적인 필요들에 대해 나눌 수 있었고, 그들의 절박한 상황을 알게 되었으며, 그들을 재정적으로 도와주라는 하나님의 명령을 느낄 수가 있었습니다. 그리고 그 결과 그들과 우리의 관계는 보다 견고해질 수 있었습니다.

• 여러분의 삶의 일부를 그들과 함께 나누십시오. 나는 컴퓨터를 만지는 것을 좋아하고, 그에 관련된 활동들도 좋아합니다. 나의 소그룹원들 중 한 사람—나는 그가 예수님을 영접하도록 기도를 해준 적이 있었습니다—을 소그룹 모임이 끝난 후 나의 오피스텔로 불렀습니다. 나는 그에게 홈페이지를 만드는 방법을 보여주었고, 그는 그날 자기의 홈페이지를 위한 계약까지 했습니다. 홈페이지를 통해 우리는 단단한 우정을 쌓을 수 있었고, 그것은 우리를 나눔의 새로운 차원으로 인도하였습니다.

이제 우리는 소그룹 모임에서 단지 '영적'인 것만 나누지 않습니다. 우리의 관심사, 서로의 취미를 나누고 있습니다. 어떤 소그룹 리더는 이렇게 말합니다. "우리 소그룹의 한 여성이 병원에서 막 디스크 수술을 받고 회복 중에 있습니다. 우리는 집에서 정규 모임을 가지는 대신, 그녀를 병문안하기로 결정했습니다."[7] 이 소그룹은 공동체와 사람들 간의 개인적인 나눔에 우선순위를 둔 것입니다.

• 소그룹 모임 밖에서 소그룹원들을 만나십시오. 전화나 감사의 쪽지, 함께 커피를 마시는 것이나 방문 등을 이야기하는 것입니다. 소그룹 밖에서도 소그룹원들을 생각하고 그들에 대해 알고자 하는 노력은 후에 많은 상급을 받을 것입니다. 그리고 그렇게 함으로써 여러분은 소그룹원들과 보다 공고한 신뢰를 쌓아갈 수 있을 것입니다.

소그룹의 리더는 그룹원들의 의견을 다시 한번 언급해 주고, 갈등을 처리하고, 격려를 하는 것과 같은 원리를 사용하는 모범을 보임으로써 그룹을 좀 더 새로운 대화의 수준으로 이끌어 갈 수 있을 것입니다.

그러므로 다음의 사실들을 기억하십시오.

- 탁월한 대화는 다른 사람들이 참여할 수 있도록 격려하는 것입니다.
- 한 사람이 모임을 주도하지 못하게 하십시오. 말이 많은 사람을 다루는 방법을 익히십시오.
- 소그룹 내에서 갈등이 일어나는 것은 일반적이고 자연스러운 일입니다. 그것을 다루는 방법을 익히십시오.

08

따듯한 손

-불신자에게 다가가는 법-

소그룹 리더에게는 특별한 손이 필요합니다.
이 손을 뻗어 다른 사람들이 예수님을 바라보도록 하며
그룹원들로 하여금 상처 입고 세상에 환멸을 느낀 사람들을
소그룹 안으로 따뜻하게 받아들이도록 합니다.

가끔 멸망하고 죽어가는 세상을 향해 손을 뻗은 예수님의 그림을 본 적이 있을 것입니다. 사실 그것은 우리의 손입니다. 예수님께서는 우리의 손을 사용하여 멸망해가는 세상을 구원하시기 원하십니다.

내가 가장 좋아하는 아이스 브레이크 질문 중 하나는 이것입니다. "여러분이 예수님 앞에 나아오는 데 가장 큰 영향을 끼친 사람은 누구입니까?" 대부분은 가족, 동료, 친척, 선생님 등과 같은 가까운 사람들을 이야기합니다. 낯선 사람을 언급하는 예는 매우 적습니다.

이것은 낯선 사람에 의해 예수님께로 인도된 사람이 매우 적다는 것을 의미합니다. 실제로 우리와 가장 친밀하고 가까운 사람이 우리에게 가장 많은 영향을 끼칩니다. 이것은 관계 전도를 통해 75~90%의 사람들이 예수님께 인도된다고 하는 설문조사에 의해서도 입증됩니다. 연구 결과에 따르면, 가장 자연스러운 전도는 사랑과 돌봄의 관계로 일어나는 형태라고 합니다.

불신자 중에서 스스로 일요일 아침에 일어나 교회에 가려는 사람은 거의 없습니다. 누군가의 인도를 받지 않고, 어떤 사건에 의해 또는 큰 감동을 받아 교회에 가게 되는 사람들은 얼마 지나지 않아 교회를 떠나게 됩니다. 왜냐하면 교회에 그들의 친구가 없기 때문입니다.

성경에는 친구, 동료 그리고 사랑하는 사람들이 그리스도를 영접하도록 인도한 사람들의 사례가

🔲 통찰

그리스도인의 영향력에 대한 여론조사[1]

'미국 교회성장연구소'(The Institute for American Church Growth)는 다양한 교회와 교단의 14,000여 명을 대상으로 '당신은 누구 또는 무엇 때문에 예수님을 구주로 영접하고 교회에 나오게 되었습니까?'라는 질문에 대한 여론조사를 실시했습니다.

- 특별한 필요   1~2%
- 걸어들어옴   2~3%
- 목사님   5~6%
- 가정 방문   1~2%
- 주일학교   4~5%
- 십자가의 복음   0.5%
- 교회 프로그램   2~3%
- 친구 혹은 친척   75~90%

무수히 많습니다. 우리는 요한복음 1장 35~46절까지의 말씀에서 시몬과 안드레, 나다나엘과 빌립의 관계를 볼 수 있습니다. 또한 사도행전에서는 루디아와 빌립보 간수가 그들의 가족을 예수님 앞으로 인도하였고, 고넬료는 동료 군인과 가족들을 초청하여 복음을 듣게 하였으며(행 16:15, 31~33, 10:1~2, 22~24), 마태 역시 그의

불신자들에게 다가가는 생활방식

이것은 내가 스티브과 클라우디아 이르빈의 가정에 머물면서[2] 관찰한 것입니다.

- 그들은 자기 집에서, 이웃의 불신자들에게 다가가기 위한 수단으로 불신자들을 위한 '영어 말하기반'을 매주 열었습니다.
- 스티브가 아침 7시에 내 침실 문을 두드렸습니다. 스티브는 그날 불신자 친구와 골프를 치러갈 계획이라고 알려주며 이렇게 말했습니다. "나는 그 사람을 예수님께 인도하고 싶다네. 그는 골프를 매우 좋아하거든. 매주 골프를 치며 친해진 다음 나와 함께 교회 문을 들어서게 하고 말 거야."
- 그날 아침식사를 하는 중에 초인종이 울렸고 같은 아파트에 사는 불신자 주부가 들어왔습니다. 우리를 소개한 후 클라우디아는 그녀를 데리고 나가며 이렇게 말했습니다. "잠깐 근처를 산책하고 오려고요. 조금 이따가 들어올게요."
- 다음 날 스티브와 클라우디아는 체육관에 운동을 하러 나갔습니다. 여러분도 짐작하시겠지만, 그들은 그곳에서도 불신자들과 만남을 가졌습니다.
- 이틀 후 집 안은 영어를 배우는 불신자들로 가득 찼습니다. 그리고 그 다음날 스티브는 불신자 친구들과 농구를 하느라고 집에 늦게 돌아왔습니다.

친구들과 동료 세관으로 하여금 예수님을 영접하게 하였습니다(마 9:10). 관계는 삶의 등불을 밝히는 복음이 전해지는 다리입니다.

영향력 있는 리더는 그룹원들이 불신자와 친구가 되어 그들과 관계를 발전시키도록 지속적으로 격려합니다. 불신자들과 관계를 맺는 가장 좋은 방법은 영적인 문제를 나누기 전에 먼저 그들의 필요를 채워주셨던 예수님의 모범을 따르는 것입니다.[3]

조용기 목사는 이렇게 말했습니다. "나는 소그룹 리더들에게 이렇게 말합니다. '여러분이 전도하기 위해 누군가를 만나더라도 곧바로 예수님에 대해 말하지 마십시오. 먼저 그들을 만나 친구가 되고 그들의 필요를 해결해주며, 그들을 사랑하십시오.' 그러면 이웃사람들은 사랑을 느끼고 '왜 나에게 이렇게 친절한 거죠?'라고 물을 것입니다. 그러면 이렇게 대답하면 됩니다. '우리는 여의도순복음교회에 다니는 사람들입니다. 우리끼리 소그룹 모임을 하고 있는데 우리 모임에 한번 참석해보지 않으시겠어요?'"[5]

⏱ 전략 🏃

무차별적으로 친절하라

"내가 사람들을 만나서 소그룹으로 초청하는 방법 중 하나는 사람들을 도와주는 것입니다. 길을 가다가 가구를 가득 실은 트럭이나 트레일러를 보면-낯선 사람들일지라도-따라가서 짐 내리는 것을 도와줍니다. 나는 내 트럭이나 16피트짜리 긴 트레일러를 사용해서 그런 이들을 도와주곤 합니다.[4]

—알턴 P. 라보데(Alton P. RaBorde Sr.)

| 삶 가운데 함께하는 사람들을 초청하라

하나님께서는 우리의 가정을 전략적 요충지로 삼으셨습니다. 그분께서는 우리로 하여금 특별한 이웃들과 함께 지내게 하셨습니다. 우리에게 특별한 친구를 주신 것입니다. 불신자들과 만나고 가까이 지내면, 바로 우리 앞에 성령님께서 와 계시다는 매우 흥미로운 사실을 알게 될 것입니다. 성령님께서는 우리가 만나는 불신자들이 그리스도를 갈망하고, 복음을 받아들일 수 있도록 그들의 마음을 준비시키십니다.

성령님이 우리 친구들의 삶에서 역사하고 계시는 증거를 찾게 되면, 우리는 또한 그들과 가까운 사람들의 삶도 주목하게 될 것입니다. 우리의 친구들과 가까운 이들을 알아가십시오. 대부분의 경우 우리가 관계 사역하고 있는 이들의 친척이나 지인들은 아무 관계가 없는 사람보다 예수님께로 인도하기가 더 쉽습니다. 우리는 우리 친구들과의 관계 속에 있는 많은 사람들의 마음을 여는 중요한 열쇠가 될 수 있습니다. 그러므로 우리와 맞닿아 있는 다양한 삶에서 하나님께서 어떻게 일하시는지 알 수 있도록 성령께서 우리의 눈을 뜨게 해달라고 기도하십시오.

자연스럽게 연결되는 관계성은 이웃에게 효과적으로 다가갈 수 있게 합니다. 소그룹 모임은 그런 우정을 제공합니다. 또한 소그룹은 그곳에 소속된 사람들에게는 제2의 가족이 되어줍니다. 이와 같은 가족 관계는 불신자가 교회의 예배에 참석하게 되기 전에 이루어지는 것이 보통입니다. 왜냐하면 대부분의 불신자들은 교회보다는 가정적인 분위기를 가진 따뜻한 소그룹 모임에 먼저 참석하는 것을 더 쉽게 여기기 때문입니다.

데일 갤로웨이Dale Galloway는 이렇게 말합니다. "교회에 참석하는 것이 너무 부담스럽다고 생각하는 사람들일지라도 가정 모임에는 참석할 것입니다."[6] 그리고 이렇게 소그룹 모임에 참석하게 된 불신자들은 그곳에서 만난 친구와 함께 교회에도 나가게 될 것입니다.

한 연구조사는, 비록 각 사람에 따라 약간의 차이를 보이기는 해도 한 사람이 복음에 반응하기 전까지는 보통 일곱 번 정도 그것에 대해 듣는다는 것을 보여주고 있습니다. 이것을 명심하십시오. 누군가와 여러분의 간증을 함께 나누고, 소그룹 모임 혹은 교회에 그를 초청했지만 그가 그리스도에게 응답하지 않았다면 그 사람에게는 시간이 더 필요한 것입니다.

중요한 단어는 '초청하다'입니다. 허브 밀러Herb Miller는 성장하는 교회와 그렇지 못한 교회의 차이를 바로 이 한 단어, '초청하다'로 요약했습니다. 미국의 어떤 교회라도 신도의 75~90% 정도는 친구나 친지, 지인들의 영향을 받고 교회에 나옵니다. 교회의 강단에서 아무리 성경적이고 훌륭한 설교가 이루어지더라도, 좌석에 앉아 있는 평신도들이 그들의 이웃을 초청하지 않는다면 좌석의 공백을 채울 수는 없습니다.[7] 대부분의 사람들이 일곱 번 정도는 복음을 들어야 할 필요가 있기 때문에 그들에게 메시지를 들을 수 있는 기회를 제공하는 것은 매우 중요합니다.

| 팀으로 전도하라

소그룹 전도는 팀 사역입니다. 전도가 그룹의 우선순위가 되도록 이끌어가는 리더가 있는 소그룹 모임이 건강하게 유지되려면 우선순위가 전도가 되어야만 합니다. 이 말은 소그룹의 리더가 먼저 전도에 우선순위를 두고 소그룹을 이끌어가야 함을 말합니다. 예수님께서는 어부들에게 "나를 따라 오너라 내가 너희로 사람을 낚는 어부가 되게 하리라"고 말씀하셨습니다(막 1:17).

그러나 이것은 손에 낚싯대 하나를 들고 강가에 홀로 앉아 고기를 낚는 것을 말하는 것은 아닙니다. 예수님의 부름을 받은 제자들은 고기를 잡을 때 그물을 사용하여 항상 팀으로 움직였습니다. 그들이 고기를 잡는다는 것은 대중을 그리고 때로는 많은 배들을 낚는 것을 포함합니다(눅 5:6~7, 요 21:6). 그물로 고기를 잡는 것이 낚시대로 잡는 것보다 훨씬 효과적입니다. 때문에 우리가 사람들을 예수님께로 인도할 때 분명한 목표를 가지고 함께 동역해야 합니다.

어부의 도구인 그물과 낚싯대는 소그룹 전도가 무엇인지를 가장 잘 보여줍니다. 소그룹 전도는 고기를 잡기 위해 그물을 사용합니다. 한마디로 말해 모든 사람들이 다 참여하는 그룹 전도를 하는 것입니다.

'베다니 세계기도센터'의 래리 스톡스틸Larry Stockstill은 소그룹 전도에 대해 이렇게 설명하고 있습니다. "'고기를 낚는 갈고리'라는 낡은 패러다임은 이제 함께 영혼에 다가서려는 목적을 위해 동역하는 신자들의 '팀'으로 대체되고 있습니다. … 예수님은 가장 훌륭한 전도의 원칙을 보여주시기 위해 그물로 고기를 잡는 '동역partnership'의 개념을 사용하셨습니다. 확실히 혼자보다는 여럿이 함께 동역하는 것이 훨씬 더 효과적입니다."[8]

조용기 목사는 이렇게 말했습니다. "우리의 소그룹 모임 체제는 우리 성도들이 치는 그물로 이루어져 있습니다. 한 번에 하나의 물고기를 잡기 위한 목사의 낚싯대 대신에 조직화된 신자들

불신자에게 다가서는 단계[9]

- 각 사람은 한 명의 불신자—예를 들어 가족, 동료, 이웃 등과 같은—와 가까워지는 것을 목표로 합니다.
- 각 소그룹원들은 불신자와의 관계를 형성하겠다는 목적을 가지고 몇 주간 그 사람과의 만남을 위하여 모임에서 기도합니다(사역 시간 동안). 그룹에 불신자들을 초청하기 전에 먼저 여러분의 삶에 그들을 초청하십시오. 이 과정에서 그들을 섬기고 그들과 무슨 일이든 함께하려고 노력하십시오.
- 각 소그룹 모임의 사역 시간 동안, 불신자들과의 만남에서 일어났던 일들을 나누십시오.
- 소그룹 모임에서는 소그룹원들이 불신자들과의 만남을 계속 시도하도록 성실히 기도해야 합니다. 하나님이 불신자 친구의 마음을 부드럽게 해주시길 기도합시다. 우정을 형성할 수 있는 기회를 만들어 달라고 예수님께 간구합시다. 그리고 여러분의 친구를 모임에 초청할 시기는 언제가 적당할지 분명하게 해달라고 하나님께 간구하십시오.
- '추수행사'는 한 달 뒤로 계획합니다. '중립적'이고 편안한 모임—식사, 나들이, 여자들끼리 가지는 오찬, 피자 파티, 비디오 상영 등—으로 계획하십시오. 약간의 경건적인 요소를 포함하는 묵상회나 친교를 나눌 수 있는 파티를 열어 여러분의 친구들을 모임의 영적인 측면으로 쉽게 인도할 수도 있습니다.
- 그룹원들은 '추수행사'에 그들이 만난 불신자들을 초대하기 시작합니다. 그 모임에서 모든 사람들이 환영받는다고 느끼게 하십시오.
- 불신자 친구들에게 우리의 모임을 통해 얻을 수 있는 유익에 대해 설명함으로써 모임의 중요성을 강조하십시오.
- 기회가 생기면 모임에 친구를 다시 한번 초청하십시오. 그들을 위해 지속적으로 기도하고 계속 관계를 유지함으로 많은 초청자들이 소그룹 모임에 계속 참여하게 되고 결국은 교회의 예배 시간에도 참석하게 될 것입니다.

은 수백, 수천의 고기를 낚을 수 있는 그물망을 만들어냅니다. 그러므로 목사는 하나의 낚싯대로 고기를 잡으려 하지 말고, 소그룹 체제로 이루어진 그물망으로 불신자들을 전도해야 합니다."[10]

불신자들은 우리의 삶을 통하여 예수님을 봅니다. 그리고 여러분이 그들에게 다른 그리스도인들을 소개할 때 더욱 분명히 그분을 볼 수 있습니다. 왜냐하면 그들은 단지 각각의 개별적인 삶 뿐만 아니라 서로를 진심으로 아끼고 사랑하며 협력하는 우리의 관계를 통하여 예수님을 보게 되기 때문입니다.

많은 사람들이 불신자들에게 다가가는 것에 대해서 부담감을 느낍니다. 왜냐하면 그들은 불신자에게 다가가는 것을 낯선 사람과 만나야 하고 자신의 생각을 다른 사람들에게 강요해야 하는 것으로 생각하고 있기 때문입니다. 그러나 그런 방법만 있는

 전략

'마태 소그룹'

'마태 소그룹'은 일반적으로 진행되는 소그룹 주기를 잠깐 멈추고, 생활에서 예수님을 필요로 하는 사람들을 위한 특별한 시간을 가지는 모임을 말합니다. 우리의 오이코스 안에 있는 사람들에게 더 초점을 맞추기 위해서 따로 특별한 시간을 마련함으로써 소그룹원들이 그들의 삶에서 지속적으로 불신자들과 관계를 맺도록 도와주는 것입니다. 한 가지 주의해야 할 점은 '마태 소그룹' 모임을 진행한다고 해서 매주 정기적으로 이루어지는 소그룹 모임을 소홀히 해서는 안 된다는 것입니다. 우리는 소그룹원들 간의 친밀한 관계형성을 위해 반드시 정기적으로 모임을 가지고 서로 격려해야 할 필요가 있습니다.

것은 아닙니다. 불신자들과 자연스럽게 관계를 쌓아 갈 수 있는 많은 방법들이 있습니다.

예를 들어 생일파티는 성격이 다른 두 그룹이 재미있고 편안하게 관계를 맺을 수 있는 방법이 될 수 있습니다. 우정을 쌓을 수 있는 또 다른 방법에는 휴일을 이용한 식사, 이웃들과 함께 하는 파티, 운동경기 등이 있을 수 있습니다. 일반적인 취미와 관심사를 활용하는 것은 사람들을 만날 수 있는 좋은 방법이 될 것입니다.

| 불신자들을 특별한 행사에 초대하기

여러분의 소그룹 모임과 교회에 사람들을 초청하기 위한 특별한 행사들이 있습니까? 불신자들과 함께 즐길 수 있는 행사나 드라마, 콘서트 같은 것이 있습니까?

내 아내 셀리스는 소그룹 행사를 잘 계획하여 불신자들을 초청하는 데 탁월한 능력을 가지고 있습니다. 그녀는 불신자들을 매료시키기 위해 재능과 휴일, 식사들을 이용합니다. 한번은 그녀가 화요일 소그룹 모임에 두 명의 이웃을 초청하였습니다. 셀리스는 두 사람에게 끝까지 최선을 다했습니다. 그들이 즉각적으로 응답을 보이지는 않았지만 그녀는 그들을 계속적으로 초청했고, 마침내 열매를 거두었습니다. 지금 그중의 한 명은 예수님을 영접하고 우리 교회에 다니고 있습니다.

저녁식사, 나들이 또는 주제가 있는—결혼이나 하나님의 존

불신자를 초청하기 위한 아이디어

- 소그룹 모임에 참여하기 전에 보다 많은 사람들을 만나기 위해 '바베큐 파티'를 여십시오.
- 새로운 사람을 초청하기로 한 소그룹원의 집에서 모임을 가지는 것이 좋습니다. 왜냐하면 불신자에게는 친구의 집이 낯선 집보다는 더 편안할 것이기 때문입니다.
- 아이스 브레이크를 위한 모임을 진행하십시오. 그룹이 함께 할 수 있는 게임을 해도 좋습니다.
- 예수님에 대한 비디오를 보며 불신자와 대화를 나누십시오.
- 영생의 질문을 이끌어낼 수 있는 세상적인 비디오를 부분적으로 보십시오.
- 소그룹과 함께 수련회를 계획해 보십시오. 모임의 전체가 자전거를 타러 간다든지, 여러분이 함께하는 재미있는 행사에 불신자들을 초청하십시오.
- 위의 아이디어를 이용하여 새로운 가족들을 초청하여 빈 의자를 채우십시오.
- 주일 아침에 주변을 살펴보고 새로운 이들이나 아직 소그룹 모임에 나오지 않는 이들을 초청하십시오.

재 등과 같은 하나의 주제에 초점을 맞춘—특별 행사는 불신자와 만날 수 있는 좋은 방법입니다. 비디오를 빌려서 비디오 상영과 성경을 함께 묶어 보는 것도 좋은 방법이 될 수 있습니다. 예전에 내가 속해 있던 그룹에서는 15분간 〈쉰들러 리스트〉를 보고나서 영생의 의미에 대한 질문들을 나누었습니다. 이 경우에 여러분은 영화 상영을 구실로 사람들을 초청할 수 있습니다.

| 투명한 나눔으로 예수님에게 사로잡히게 하라

소그룹 모임은 사람들이 그리스도를 만날 수 있는 장소입니다. 소그룹 모임은 그 분위기에 따라 돌봄과 사랑의 수고가 이루어지는 전도의 토양이 될 수도 있습니다. 이런 맥락에서 볼 때, 복음의 진리는 머리속에서만 따지고 이해하는 차가운 명제가 아

 전략

문(The Door)

샘 슈메이커(Sam Shoemaker)

그 문을 찾아 들어간 사람들이 존경스럽습니다.
하지만, 문을 들어서기 전 갈망하는 자기 모습을 잊지 않는다면,
아직도 그 문을 찾아 헤매이는 사람들을 향해,
그리고 하나님의 임재를 회피하는 이들에게 따뜻한 손을 내밀 수 있을 것입니다.
너무 멀리 들어가, 너무 오랫동안 안주한다면
문 밖에 서서 기다리는 이들의 존재를 잊어버릴지도 모릅니다.
내가 머물렀던 그곳, 하나님의 숨결을 느낄 수 있는 그곳에 머물러
그의 음성을 듣고 싶고, 그를 느끼고 싶습니다.
하지만, 사람들을 멀리 떠나 그들을 들을 수 없는 곳에 머물며
그들의 존재를 망각하고 싶지도 않습니다.
그들은 어디 있나요? 저 문 밖에…. 수천, 수만의 사람들….
하지만 나에게는 수많은 무리 가운데 한 사람, 두 사람, 그리고
열 명의 사람이 중요합니다. 빗장을 열고 들어올 수 있도록.
나는 갈망하는 그들을 위해 언제나 문 옆에 서 있으렵니다.
"나는 차라리 문지기가 되리니…." 문 옆에 영원히 머무르겠습니다.

닝, 다른 이들의 삶에서 보여지는 돌봄의 경험과 사랑의 진실을 통해 현실화됩니다. 사람들은 이러한 모임에서 자연스럽게 예수님에게 이끌립니다. 불신자들은 모임에서 질문하며, 의심에 대해 서로 나누고, 자신의 영적인 상황에 대해 이야기하게 됩니다.

그런데 만약 이때 사람들이 그리스도를 영접하지 못하는 가장 큰 장애물이 있다면 그것은 아마도 솔직하지 못한 모습일 것입니다. 소그룹에서 투명한 나눔을 통해 불신자들은 예수님을 믿는 자들이 '완전한 자'가 아니라 단지 '용서받은 자'들일 뿐이라는 사실을 알게 됩니다. 사탄이 가장 잘 쓰는 전략 중 하나는 '하나님

시도

불신자들에게 다가가지 못하는 10가지 이유[11]

• 사람들이 그리스도인이 되기 시작하면, 보다 큰 만남의 공간이 필요합니다.

• 두 명의 친구들이 예수님에 대해 알도록 기도하는 것은 내 일이 아닙니다.

• 소그룹 사역이 너무 바빠서 도저히 불신자들을 만날 시간이 나지 않습니다.

• 위험을 감수하는 것은 나와는 맞지 않습니다.

• 주위 사람들에게 내가 그리스도인이란 사실이 알려지면, 사람들은 우리에게 믿음에 대해서 질문할 것입니다.

• 부흥은 올해 나의 계획에 없습니다.

• 가난한 자를 섬기는 것은 나의 생활을 불편하게 할 것입니다.

• 모임의 규모가 작으면 모든 것이 통제하기 쉬울 것입니다.

• 사람들이 예수님에 대해 말하는 것은 정치적으로 옳지 않습니다.

• 하나님께서 우리를 캠퍼스나 지역사회, 그리고 이 세상을 바꾸는 데 사용하신다고 믿는 것은 너무나도 많은 대가를 요구합니다.

께서 우리가 도저히 도달할 수 없는 기준을 요구하며, 천국에 들어갈 수 있는 사람은 오직 '착한' 사람들뿐이라고 믿게 만드는 것'입니다. 소그룹 전도는 이런 잘못된 개념을 바로잡을 것입니다.

열린 대화는 그리스도인도 약점과 고뇌를 가지고 있다는 것을 불신자들이 알게 함으로써 그들에게 새로운 희망을 줍니다. 믿는 자들이 불신자들과 다른 점은 죄와 고뇌와 같은 무거운 짐을 예수님의 십자가 앞에 내려놓았다는 것뿐입니다. 제이 파이어바우Jay Firebaugh는 우리에게 이렇게 조언해 줍니다. "여러분의 소그룹 모임에 불신자가 나오게 되면 다른 믿는 그룹원들과 똑같이 대하십시오. 여러분이 소그룹 모임을 언제나 모임 가운데 계신 예수님과 함께 평상시처럼 진행한다면, 불신자는 예수님과의 관계에 대한 진정한 실체를 깨닫게 될 것입니다."[12]

예수님께서는 제자들에게 그들의 사랑이 세상을 그분에게로 이끌어올 것이라고 말씀하셨습니다. 예수님께서 제자들을 위해 하신 기도는 전도를 위한 부름이 아니었습니다. 그것은 단순히 하나됨을 위한 기도, 그 이상의 것이었습니다. "내가 비옵는 것은 이 사람들만 위함이 아니요 또 저희 말을 인하여 나를 믿는 사람들도 위함이니 아버지께서 내 안에, 내가 아버지 안에 있는 것 같이 저희도 다 하나가 되어 우리 안에 있게 하사 세상으로 아버지께서 나를 보내신 것을 믿게 하옵소서"(요 17:20~21).

많은 사람들이 성도가 하나되는 것과 전도는 물과 기름처럼 잘 어울리지 않는다고 생각합니다. 그것들은 서로 너무 달라 도저히 함께할 수 없을 것처럼 보인다는 것입니다. 그러나 예수님께서는 신자 사이의 하나됨이 도리어 불신자를 하나님께로 이끄는 전도의 도구라고 말씀하십니다.

웨슬리의 소그룹 모임에서 모든 이들은 유혹을 받았던 일에서부터 새로 집을 짓는 일까지 다양한 주제에 대해서 자유롭게 대화할 수 있었습니다. 이런 '열린 나눔'의 틀 안에서 많은 사람들이 예수님을 구주로 영접했습니다. 이미 '구원받은 죄인들'과 서로 사귐을 나누면서, 아직 '구원받지 못한 죄인들'의 얼어붙은 마음이 녹아내린 것입니다.

| 기도

고린도후서 4장 4절은 이렇게 말합니다. "그중에 이 세상 신이 믿지 아니하는 자들의 마음을 혼미케 하여 그리스도의 영광의 복음의 광채가 비취지 못하게 함이니 그리스도는 하나님의 형상이니라."

오직 기도만이 사탄의 세력을 깨뜨릴 수 있습니다. 사탄은 사람들의 마음의 눈을 가려 그들이 복음을 볼 수 없게 했습니다. 에베소서 6장 12절에서도 바울은 이에 대해 증언했습니다. "우리의 씨름은 혈과 육에 대한 것이 아니요 정사와 권세와 이 어두움의 세상 주관자들과 하늘에 있는 악의 영들에게 대함이라."

만약 우리가 우리의 친구, 가족, 이웃, 동료들이 예수님께 속하게 되길 바란다면, 반드시 기도라는 대가를 지불해야 할 것입니다. 성공적인 소그룹 모임과 소그룹 리더들은 기도에 전념합니

불신자들을 위해 기도하기[13]

- **'빈 의자'를 위한 기도** : 모임을 진행할 때마다 1~2명의 잃어버린 친구를 의미하는 빈 의자를 하나 마련하십시오. 그룹원들을 그 의자 주위에 모여 앉게 한 후 그들의 '오이코스' 안에서 잃어버린 사람의 구원을 위해 기도하자고 요청해보십시오.
- **기도 친구 만들기** : 서로가 잃어버린 친구를 위하여 매일 기도해 줄 수 있도록 소그룹원들 간에 짝을 지어주십시오. 짝을 지어주면 기도에 대해 책임감이 생겨나게 됩니다.
- **잃어버린 영혼을 위한 연합 기도** : 여러분의 소그룹 모임에 새로운 기도의 방식을 소개해 보십시오! 다음 모임에서 소그룹원들에게 일어나서 잃어버린 영혼의 구원을 위해 동시에 큰 소리로 함께 기도하자고 요청해 보십시오. 이 '통성' 기도는 몹시 시끄러울 수도 있지만, 사탄을 긴장시킬 수 있는 강력한 기도입니다.
- **방문 기도** : 여러분이 전도하기로 결심한 곳으로 기도 친구와 함께 걸어들어가십시오. 그리고 여러분이 방문한 집이나 아파트에 이루어질 구원을 위해 기도하십시오. 이것은 여러분의 그룹 모임을 위한 새로운 장소를 준비할 수 있는 가장 뛰어난 방법 중 하나입니다.
- **'축복 목록'이나 '긴급수배' 포스터 만들기** : 미리 인쇄된 포스터나 이면지 위에 잃어버린 사람들의 이름을 쓰고 벽에 붙인 후 그 사람들과 소그룹원들이 만날 수 있는 기회를 얻기 위해 기도하십시오.

다. 그들은 불신자가 예수님께 나아오게 하기 위해서는 강력한 기도가 가장 효과적인 수단이라는 것을 잘 알고 있습니다. 그들은 "기도를 항상 힘쓰고 기도에 감사함으로 깨어 있으라"(골 4:2)는 바울의 말을 진지하게 듣고 실천하려 애씁니다.

"이는 하나님께서 그리스도 안에 계시사 세상을 자기와 화목하게 하시며 저희의 죄를 저희에게 돌리지 아니하시고 화목하게 하는 말씀을 우리에게 부탁하셨느니라"(고후 5:19). 하나님께서는 지금 우리의 손을 사용하셔서 잃어버리고 상처 입은 세상을 그분께로 인도하십니다.

그러므로 다음의 사실들을 기억하십시오.

- 성공적인 전도는 하나님이 우리의 삶 가운데 주신 자연스러운 우정과 관계를 계발하는 것입니다.
- 소그룹 전도는 개인이 하는 것이 아니라 팀으로 이루어지는 일입니다.
- 특별한―식사 모임, 비디오 상영, 나들이와 같은―소그룹 모임을 개최합니다.
- 소그룹 내에서 서로 투명하게 나눔으로써 모임에 참석한 불신자들이 예수님을 경험하게 합니다.
- 기도는 불신자들이 예수님을 구주로 영접하게 하는 가장 효과적인 방법입니다.

09

함께 걸어가는 발

―단계를 통하여 발전하는 모임―

우리의 발은 우리의 몸이 나아가는 방향을 결정합니다.
소그룹 리더는 소그룹이 어떤 발걸음을 취할 것인가를 결정함으로써
앞으로 소그룹이 나아갈 방향을 제시할 수 있습니다.

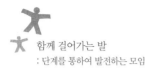
나의 어머니는 아동발달학 교수입니다. 그래서 우리의 딸 사라가 아직 어렸을 때 우리는 종종 어머니를 급하게 찾곤 했답니다. "사라가 오늘 이렇게 행동을 했는데 이상한 것은 아닌가요?" "그렇단다. 얘야, 너무 걱정하지 마라." 신기하게도 어머니는 사라의 나이에 맞는 특징이나 행동들을 정확하게 알아맞추셨습니다. 이러한 어머니의 충고는 그 나이 또래 아이들의 기본 행동을 과학적으로 연구한 결과를 기초로

소그룹 모임의 단계

- **형성 단계** : 아이스 브레이그와 친교로 모이는 것에 집중하기
- **갈등 단계** : 하나님의 말씀을 신실하게 적용하고, 기도에 집중하기
- **안정 단계** : 불신자에게 접근하는 것과 소그룹 모임에서 다른 이들이 사역하는 데 집중하기
- **성장 단계** : 리더십 성장과 예비리더 생산에 집중하기

이루어진 것이었습니다.

소그룹 리더인 여러분은 이미 연구조사를 통해 알려진 소그룹의 발전 단계를 통해 소그룹 모임이 어디로, 어떻게 나아갈 것인가를 예측해볼 수 있습니다. 소그룹 역동성을 연구하는 전문가들은 다양한 이름으로 불리는 이런 단계들을 분석 정리해 놓았습니다. 이제부터 여러분은 이 주제에 대한 구체적인 영역들을 알게 될 것입니다.

| 형성 단계

'내가 원했던 소그룹 모임이 이런 것이었나?' 톰은 짐이 인도하는 소그룹 모임에 처음 몇 주 동안 참석하면서 자신에게 물었습니다. 그 소그룹 모임에 나오는 대부분의 그룹원들도 톰과 같은 질문을 하고 있었습니다. 로베르타 헤스튼Roberta Hestenes은 이렇게 말합니다. "소그룹 모임이 처음 모일 때 그룹원들은 그 그룹에 호감과 반감을 동시에 느끼며 갈등을 느끼게 됩니다. 그곳에 함께하기로 결정은 내렸지만 그들은 여전히 그 모임에서 만족할 만하며, 가치 있는 경험을 얻을 수 있을지 어떻게 고민하고 시험해봅니다."[1]

 전략

형성 단계

- **리더의 전략**
  - 목적, 방향, 목표를 정확히 하기
  - 모임에서 그룹원이 서로 개방적이고 정직하게 나누기 위해서는 리더가 먼저 나누어야 합니다.
- **실행**
  - 아이스 브레이크, 비전 나눔, 친교 시간(다과, 소풍)

실제로 사람들은 자신이 참여하는 그룹이 자신과 잘 맞는지 아닌지를 알고 싶어합니다. 예를 들어 젊은 부부들은 자기와 비슷한 또래의 사람들과 모임을 만들고 싶어합니다.

좀 더 구체적으로 존과 메리의 이야기를 예로 들어보겠습니다. 그들은 '여피족'(yuppie : 도시에 거주하며 고학력 전문기술직의 젊은 엘리트를 칭함) 부부로 자기와 비슷한 부부와 교제를 나누기를 원합니다. 하지만 그들은 주로 노부부와 심지어는 더 나이가 많고, 말도 많은 이혼한 사람들로 구성된 소그룹 모임을 알게 됩니다. 이때 비록 존과 메리가 그 모임과 구성원들을 사랑하기는 하지만, 그들은 그들의 선택이 과연 옳은 것인지 고민하게 될 것입니다. '이 모임에 계속 머무를 것인가 아니면 다른 그룹을 찾는 것이 더 나을 것인가?' 이것은 당연한 일입니다. 그러므로 사람들이 소그룹 모임에 머무르도록 강요하지도 말아야 하고, 떠나는 데 부담을 주어서도 안 됩니다.

이 첫 단계에서 그룹원들은 리더에게 분명한 방향과 비전을 기대합니다. 그러므로 리더는 투명하고 진실해야 하며, 편안한 관계를 형성할 수 있는 '관계중심적 활동'들을 시행해야만 합니다. 이 단계에서 리더는 항상 자신의 이야기를 먼저 함으로써 모범을 보이며 분위기를 이끌어야 합니다. 그룹원들이 자신의 이야기를 나눌 수 있도록 리더가 다양한 수단을 사용할 때 그들의 마음에는 걱정이 사라지고, 리더와 소그룹 모임에 대한 신뢰감이 쌓이기 시작합니다.

모임은 아이스 브레이크, 간증, 친밀한 교제 시간에 집중해야 합니다. 이 단계의 목표는 성경공부, 사역이나 경배가 아니라 관계를 형성하는 것입니다. 이 단계를 아이스 브레이크 단계라고 불러도 좋을 것입니다.

| 갈등 단계

두 번째 단계는 충격, 인내, 은혜라는 단어로 표현할 수 있습니다. 그룹원들 간의 갈등은 보통 이 단계에서 나타납니다. 그러나 크게 걱정할 필요는 없습니다. 갈등은 자연스러운 것이며, 오히려 그룹의 형성 과정에서 건강한 부분으로 작용할 수도 있습니다. 특히나 구성원들이 서로를 편안하게 느끼고 그들 자신의 견해를 나누는 '위험'을 과감히 시도할 때는 더더욱 그렇습니다.

이 단계에서 소그룹의 구성원들은 가면을 벗고 그들의 실제 모습을 보이게 됩니다. 다우 왈론 Doug Wallon은 이렇게 말합니다.

"그들은 더 이상 가면을 쓰지 않습니다. 왜냐하면 자신이 받아들여질 것을 알고 있기 때문입니다.… 또한 그들은 하나님에 의해 용서받았음을 알고 있습니다."[2]

구성원들은 자신의 의견을 드러냈을 때 다른 이들이 어떻게 반

전략

갈등 단계

- **리더의 전략**
  - 동정, 이해, 솔직함, 융통성을 보여주기
  - 구성원이 더욱 큰 소속감을 준비하는 동안 사역을 통해 모범을 보이기
- **실행**
  - 역동적인 찬양 시간, 학습 시간의 깊은 나눔, 뜨거운 기도

🏃 🏠 통찰

어느 소그룹 감독의 고백[3]

나는 각각의 소그룹들이 본능적이든 의도적이든, 나와 소그룹 리더의 인도와 격려 없이는 남들에게 먼저 다가가고 봉사하려고 하지 않는다는 것을 알았습니다. 아마도 이것은 그리스도의 사랑으로 다른 이들을 자유롭게 섬기기보다는 안으로만 성장하려는 우리의 옛 성향 때문일 것입니다.

응하는지를 알아보기 위해 더욱더 적극적으로 나누려고 할 것입니다. 이때 어떤 그룹원이 반대되는 의견을 내놓으면 갈등이 생기게 되는 것입니다.

그래서 리더는 반드시 동정, 이해, 솔직함, 융통성 등을 보여야만 합니다. 그리고 구성원들이 그 모임에 더욱더 소속감을 가질 수 있게 갈등을 경험하는 동안 리더는 하나님의 사역을 함으로써 모범을 보여야 합니다.

이 단계의 마지막에서는 그룹원들이 자신의 모임에 대해 주인의식을 가지게 되기 시작할 것입니다. '그' 그룹이 '우리' 그룹이 되는 것입니다. 즉 그들은 이제 모임에 온전히 헌신하게 되며, 보다 더 헌신적인 사람들은 여러분의 핵심적인 그룹을 형성하게 될 것입니다.

| 안정 단계

앞의 두 단계 동안 그룹원들은 서로 다른 이들의 성격을 탐구하려고 하며, 다른 일보다 소그룹 모임을 우선순위에 놓게 됩니다. 그러나 만약 소그룹 모임이 완성된 사역의 단계로 들어가지 않는다면 이러한 결심이나 마음가짐 등은 쉽게 흐트러질 수 있습니다.

그룹원들은 소그룹 모임 내의 사람들을 챙기는 데에만 급급하여 새로운 사람들이 그룹에 정착하는 것을 어렵게 할 수도 있습니다. 소그룹 모임이 너무 오래 함께 지내게 되면 안으로만 자라게 됩니다. 결국 이런 모임에 새로운 사람이 참석하게 되면 그 사람은 마치 자신이 침입자처럼 느껴지게 될 것이고, 다시는 그 모임에 참석하지 않을 것입니다.

밖으로 향하지 않는 소그룹 모임은 고통스러운 결말을 맞이하게 될 것입니다. "내가 진실로 진실로 너희에게 이르노니 한 알의 밀이 땅에 떨어져 죽지 아니하면 한 알 그대로 있고 죽으면 많은 열매를 맺느니라"(요 12:24).

어떤 목사님이 소그룹 내에서 발견한 새로운 문제에 대해 다음과 같이 말했습니다. "나는 이 교회에서 북미 소그룹의 난제를 풀어보려고 노력하고 있습니다. 이곳 미국에서 소그룹 모임이 넘어야 할 가장 큰 산은, 모임 내에서 복음적인 전환점을 맞이하

안정 단계

• **리더의 전략**

다른 이들이 사역할 수 있도록 돕기

리더는 예비리더를 뽑아서 훈련시키고-혹은 잠재적인 리더들을 훈련시킨다-사역하게 합니다. 이 단계에서 리더는 직접적으로 나서기보다는 다른 이들이 모임의 진행 과정 중 한두 개 정도의 아이스 브레이크나 경배 시간을 인도하도록 격려할 줄 알아야 합니다.

• **실행**

이웃과 함께 하는 행사로, 전도를 위한 식사, 비디오 상영, 소풍 등을 포함할 수 있습니다. 이 일들은 특히 사역 시간에 깊이 집중해야 할 일들입니다.

전략

복음전도

"복음전도는 한 거지가 또 다른 거지에게 빵을 어디서 구할 수 있는지를 말해주는 것입니다."

−D.T.닐즈(D.T.Niles)

는 것입니다. 만약 소그룹 모임이 복음을 전하는 움직임을 시작하지 않는다면 그들의 모임은 고인 물처럼 썩게 될 것이고, 목사들은 그 소그룹 모임을 포기해야만 할 것입니다."

새로운 물은 소그룹 모임을 활기차고 건강하게 만들 것입니다. 그러므로 리더는 그룹원들이 불신자들에게 도전적으로 다가가고 봉사할 수 있도록 격려해야 합니다.

이 단계에서는 무엇보다 불신자들을 만나고 봉사하는 것이 우선시되어야 합니다. 리더는 다양한 행사에 전 구성원을 포함시켜야 합니다. 그리고 그룹원들이 불신자들을 위해 기도하고 '추수행사'를 기획할 수 있게 하며, 새로운 사람들을 그룹으로 초청할 수 있도록 지시해야 할 것입니다.

시도

다양한 종류의 사역 계획

www.kindness.com을 방문해 보십시오. 이곳에는 글자 그대로 수천 개의 봉사계획 아이디어와 많은 자료들이 있습니다. 많은 도움이 될 것입니다.

또한 리더는 다른 이들이 사역하도록 도와주어야 합니다. 훈련과 배치를 통해 리더를 모집하고, 그룹원들이 예수님을 위해서라면 어떤 위험이라도 무릅쓸 수 있도록 격려해 주어야 합니다. 이 단계에서 리더는 직접적으로 나서기보다는 다른 이들이 모임의 진행 과정 중 한두 개 정도—아이스 브레이크나 경배 시간 등—를 인도하도록 격려할 줄 알아야 합니다.

| 성장 단계

'번식'이라고 불리는 새로운 소그룹의 탄생은 그룹에서 가장 흥분된 행사 중 하나입니다. 안정 단계의 마지막 부분에서 성공적인 소그룹은 새로운 그룹, 혹은 그룹들에서 잘 세워진 예비리더들을 보냄으로써 번식하게 됩니다.

번식은 분리가 아니라 축하할 일로 받아들여져야 합니다. 예수님은 "구원 받는 사람을 날마다 더하게"(행 2:47) 하셨다는 사실을 기억하십시오. 주님은 그들을 성장하게 하셨습니다. 우리는 예수님

 시도

너무 오래 기다리지 마라[4]

소그룹들을 지도하는 목사님이 2년 이상 모임을 가져온 한 소그룹을 상담하며 다음과 같이 말했습니다. "…이 그룹은 이미 오래 전에 번식했어야 했습니다. 인간도 출산을 할 때까지 9달 이상 기다리지 않는 것처럼, 소그룹 또한 일정한 주기가 되면 번식해야 하는 것입니다. 이 소그룹이 어떤 단계에 있는가를 알 수 없는 이유는 그들이 이미 모든 단계를 경험했기 때문입니다. 양수는 이미 오래 전에 터졌습니다. 이제는 새로운 소그룹을 밀어내야 할 시간입니다! 세상으로 나가 소그룹을 번식하십시오!"

의 일을 계속 진행시키고, 새로운 그룹을 세우시는 일에 함께해야 합니다. 인간이 출산을 하는 것처럼 소그룹 모임도 번식을 해야 합니다. 그렇지 않으면 그 모임은 침체의 늪에 빠질 것입니다.

새로운 그룹을 만들어 내는 것이 모임의 핵심적인 가치가 되어야만 합니다. 모임을 처음 시작할 때 리더는 이렇게 말해야

최초의 번식[5]

소그룹 모임은 마지막 시간에 함께 모였습니다. 모임을 진행하던 중 리더는 떠났고, 구성원들은 의지할 곳이 없었습니다. 그 소그룹은 분열되기 시작했고, 리더 자리를 놓고 서로 다투기까지 했습니다. 심지어 모임의 한 구성원은 사기꾼이고 도둑이라는 사실도 드러났습니다. 이 소그룹은 마지막 모임을 가지면서 실패와 두려움에 휩싸이게 되었습니다. 그러나 담대하게 외칩니다. "하나님을 믿으니 마음에 근심하지 말라." 이 모임의 리더는 예수님이며 구성원들은 열 두 제자들입니다. 마지막 모임은 예수님께서 체포되어 재판을 받고 처형되기 몇 시간 전에 이루어졌습니다.

합니다. "우리는 주님께서 우리 그룹을 번식시켜 주시기를 바랍니다. 그리고 우리의 목표는 새 그룹의 탄생을 축하하는 것이 될 것입니다." 번식하는 그룹에는 반드시 상급이 주어져야 하며, 그 모임의 리더들은 인정받아야 합니다.

전 세계의 성장하는 셀교회들은 소그룹 사역의 주요한 동기로 번식을 듭니다. 번식을 결정할 때 소그룹원들 모두를 그 과정에 참여시키십시오. 가능하다면 그 그룹 자체 내에서 이런 질문들이 나올 수 있어야 합니다.

• 언제 새 그룹을 시작할 것인가?
• 누가 새 그룹을 인도할 것인가?
• 누가 기존 그룹을 떠나 새 그룹의 핵심멤버가 될 것인가?

어떤 소그룹 연구자는 일년 후에 소그룹을 마감하는 것이 좋다고 말합니다. 그러나 나는 마감 보다는 번식이라는 용어를 사용하라고 권하고 싶습니다. 왜냐하면 소그룹 모임은 '죽음'보다는 '출산'을 위해 태어났기 때문입니다.

소그룹의 4단계가 중요하기는 하지만 그것이 소그룹의 번식을 방해하지는 못하게 하십시오. 나는 이런 변명을 하는 소그룹을 본 적이 있습니다. "우리 소그룹은 아직 모든 단계를 경험해 보지 못했기 때문에 새로운 소그룹을 번식할 수 없습니다."

절대로 그렇지 않습니다. 여러분의 소그룹에 잘 훈련된 예비리더가 있다면 언제든지 소그룹을 번식시킬 수 있습니다. 소그룹 성장 단계를 모두 거쳤든 그렇지 않았든 상관없습니다. 번식을 하기 전에 여러분의 소그룹원이 일정한 수를 채워야 할 필요도 없습니다. 여러분이 훈련된 예비리더를 데리고 있다면 언제나 소그룹을 번식할 수 있어야 합니다. 이 예비리더는 새로운 소그룹의 형성을 위해 기존의 소그룹에서 1~3명의 사람을 데리고 갈 수 있습니다.

소그룹 단계는 X-레이 기구와 같습니다. 그것은 그룹이 일

성장 단계

- **리더의 전략**
  - 새로운 리더가 인도하게 될 모임을 위해 마지막 준비를 합니다.
  - 리더는 새로운 격려자가 자신의 소그룹 모임을 잘 인도하기 위해 모 $_⑤$ 그룹을 인도해볼 수 있도록 배려해주어야 합니다.
- **실행**
  - 번식의 중요성 강조하기, 사역 시간에 새로운 소그룹을 위해 열정적으로 기도하기, 새로운 소그룹 탄생 축하파티 열기 등을 계획하여 실행합니다.

시도

소그룹이 번식하는 데 걸리는 시간

• 9개월에서 1년 정도가 소그룹이 번식하는 데 가장 적당한 시간입니다. 1년 안에 번식하지 못하는 소그룹은 고인 물이 썩는 것처럼 침체의 나락으로 떨어지고 말 것입니다.
• 1년 후에 모(母)그룹의 리더는 새로운 소그룹의 건강을 검사해 보아야 합니다. 어떤 경우 — 예를 들어 그룹원들이 모두 불신자일 경우 — 에는 리더를 바꾸거나 구성원을 바꾸는 조치를 내려야 할 수도 있습니다.

반적으로 성장하는 과정을 보여줍니다. 하지만 그 X-레이 기구 자체가 우리의 몸을 자라게 하지 못하는 것처럼 소그룹 단계 그 자체는 절대 소그룹이 성장하게도, 새로 번식하게도 못합니다. 소그룹을 제대로 성장시키고 번식하기 위해서 여러분은 모임을

 시도

각 단계를 거치지 않고 번식하기

• 각 단계들은 여러분에게 소그룹 성장의 일반적인 단계를 보여줄 것입니다. 그러나 소그룹은 항상 새로운 사람을 받아들이기 위해 개방적이어야 하므로 소그룹 단계를 꼭 지켜야 할 필요는 없습니다. 새로운 구성원이 포함됨에 따라 소그룹의 순환주기가 다시 시작되기도 하고 잠시 멈추기도 할 것입니다.
• 여러분의 소그룹에 이미 훈련된 예비리더가 있다면, 소그룹의 인원이 일정 수에 다다르지 못했더라도, 번식하는 것이 현명합니다.

그룹을 번식시키지 못하는 어설픈 이유[6]

- 우리는 양보다 질을 추구합니다.
- 이대로도 우리의 모임은 좋은데 왜 새로운 그룹을 번식해야 하는 거죠?
- 새로운 소그룹을 번식하고 난 다음에 기존의 소그룹에 어떤 나쁜 영향이 남지는 않을까요?
- 우리는 아직 번식이 필요어요. 우리는 아직 20명 밖에 모이지 않는 걸요….
- 우리 모임의 사람들은 '번식'을 이해하기에는 영적으로 너무 어립니다.

처음 시작할 때부터 예비리더를 훈련시킬 필요가 있습니다.

| 빈 둥지를 지키는 사람

내 아내와 나는 목요일에 모이는 소그룹 모임을 번식시키고 난 후 종종 우리가 '빈 둥지를 지키는 사람' 같다는 생각을 합니다. 우리는 떠나보낸 그룹원들을 그리워하기도 하지만 곧 다시 시작해야 한다는 사실을 알고 있습니다. 소그룹 단계는 다음에 우리가 가야 할 단계를 안내해 줍니다.

나는 여러분이 현재 그룹에서 소그룹의 각 단계를 통해 사역할 수 있도록 기도하고 있습니다. 이런 단계들과 리더십의 원리들을 각 구성원들에게 적용시켜 봄으로써 여러분의 소그룹 리더십은 보다 발전할 수 있을 것이며, 여러분이 오랜 여행을 참고 견디는 데 많은 도움을 줄 것입니다.

소그룹 단계에 대한 지식은 여러분의 소그룹이 자연스럽게 발전해 나갈 수 있도록 도와줄 것입니다.

그러므로 다음의 사실들을 기억하십시오.

- 소그룹은 일반적으로 4단계를 거쳐 발전합니다.
- 형성 단계는 소그룹의 구성원들이 서로를 알게 되는 시간입니다.
- 갈등 단계는 구성원들이 깊은 관계를 형성할 때 생기는 갈등의 단계입니다.
- 안정 단계를 통해 견고해진 소그룹은 불신자들과 만나고 봉사하는 것을 보다 잘 준비할 수 있게 됩니다.
- 성장 단계에서는 새로운 그룹을 번식하고, 기존의 그룹은 소그룹 단계를 다시 처음부터 시작하게 됩니다.

10

살피는 눈

—세밀한 부분을 신경썼을 때 얻는 효과—

20-20 비전(행 20:20)을 가진 소그룹 리더는
큰 문제(소그룹 학습, 번식 등)뿐만 아니라
작고 세밀한 부분(간식, 온도 등)도 볼 수 있어야 합니다.
세밀한 부분들을 잘 보기 위해서는 모임 전후에 많은 생각을 해야 합니다.

언젠가 교수님 한 분이 목회자 세미나에 참석한 분들에게 뜻밖의 '충고'를 해주셨습니다.

"주일 아침, 하나님의 말씀을 기다리는 갈급한 성도들 앞에 서기 전에 여러분이 꼭 해야 할 일이 있습니다. 여러분의 바지 지퍼가 잠겨 있는지를 반드시 확인하십시오."

이것은 우스개 소리가 아닙니다. 이 교수님은 세밀한 부분들이 모두 갖추어지지 않는다면 매우 중요한 문제가 발생할 수도 있다는 사실을 말하고 있는 것입니다.

소그룹 모임에서 세밀한 것들을 보기 위해서는 잠시 숨을 고르고 멈추어 설 필요가 있습니다. 성공적인 소그룹 리더의 눈은 복음성가집이 모두에게 제대로 분배되었는지, 모임을 방해하지 않도록 전화기는 꺼져 있는지, 의자는 원형으로 놓여 있는지를 확인하기 위해 부지런히 방 안을 살핍니다.

작고 세밀한 부분들은 매우 중요합니다. 그것들은 하나님에게도 그리고 여러분의 소그룹원들에게도 매우 중요한 문제입니다. 믿을 수 없을 정도로 세밀하게 이루어진 구약의 성전을 상상해 보시기 바랍니다. 하나님께서는 모세에게 아주 작고 세밀한 부분들까지 자신의 계획을 정확하게 따르라고 요구하셨습니다.

| 집 안 분위기

우리는 자신의 집에서 나는 냄새에 익숙해져 있어 그 냄새가 얼마나 심각한 것인지 잘 모릅니다. 그러나 방문자들은 우리 집에서 나는 냄새를 즉시 알아차립니다. 애완동물에서 나는 냄새, 잘 보이지 않는 곳에 우리 아이들이 엎지른 것, 향수 냄새, 저녁 때 먹은 음식 냄새, 방향제 같은 것들이 방문자의 코를 자극할 수 있습니다. 그리고 이것은 때론 방문자의 기분을 상하게 할 수도 있고, 그곳에서 모이는 모임에 대해 마음의 문을 닫게 할 수도 있습니다.

만약 우리에게 아이들이 있다면 모임을 시작하기 전에 더러운 기저귀나 빨래들을 세탁실에 갖다 놓았는지 확인하십시오. 이런 사소한 것들과 냄새 때문에 그리스도 안에서 우리가 하나되는 일이 방해받아서는 안 되기 때문입니다. 그러므로 소그룹 모임이 시작되기 전에 화장실이 깨끗한지, 화장지, 비누, 수건 등이 부족하지는 않은지 한번 더 확인하시기 바랍니다.

| 온도

방안의 온도는 사람들이 방안에 많이 있을수록 올라갑니다. 또한 공기 순환이 잘 이루어지지 않으면 답답할 수도 있으며, 온도가 너무 낮아 추우면 불편해할 수 있습니다. 만약 사람들이 여러분의 집에서 두꺼운 외투를 입고 있어야 한다면, 비록 난로가

🏃 🎏 통찰

소그룹 모임이 잘 이루어지지 않는 장소의
10가지 이유[1]

- 그 집의 주인이, 모임의 분위기가 편하다는 이유로 셔츠도 걸치지 않으려 하는 집
- 산 지 얼마 안 되는 흰색 카페트를 깔아 놓고는 모임을 진행하는 중에도 한 손에는 카페트 청소기를 들고 음식이나 쓰레기 같은 것들이 떨어지기 무섭게 치우는 집
- 아이스 브레이크 시간에 방학 때 찍은 슬라이드를 보아야 한다고 고집을 부리는 집
- 그 집에서 소그룹 모임을 가지면 커피에서 고양이 털을 빼내느라 정신이 없는 집
- 2주에 한 번씩은 똑같은 주제의 모임을 반복하는 집
- 문 앞의 배관 공사는 도대체가 끝날 줄을 모르는 집

- 지난 몇 주간 부엌 문 앞에 '아무나 들어오셔서 커피포트를 올리고 커피를 드셔도 좋습니다'라는 안내문구가 붙어 있지만, 아무리 찾아도 커피포트는 보이지 않는 집
- 그 집의 애완동물이 그룹원의 수보다 훨씬 많은 집
- 마치 원자로 근처에 있는 집처럼 너무 덥거나 알래스카에 있는 것처럼 너무 추운 집
- 주인에게 주차료를 내야 하는 장소

켜져 있더라도 온도를 좀 더 올릴 수 있는 방법을 찾아야만 할 것입니다. 중요한 것은 방안에 모인 소그룹원들의 필요에 민감해져야 한다는 것입니다.

어떤 전문가의 연구에 따르면, 소그룹이 모이는 가정의 이상적인 기온은 화씨 67도(섭씨 19.4도)라고 합니다.[2] 하지만 연구를 참고하되 소그룹원들이 그 온도에서도 춥거나 덥게 느낀다면 그들이 편안함을 느끼도록 조정해 주는 것이 훨씬 더 좋을 것입니다.

| 좌석 배치하기

자리 배치를 할 때에는 각 사람이 다른 모든 사람들을 볼 수 있도록 하십시오. 그러기 위해서는 원형으로 좌석을 배치하는 것이 가장 효과적입니다. 자신이 모임의 리더라고 해서 으뜸가는 자리나 상석을 만들어 앉지 말고 다른 그룹원들과 동등한 위치

좌석 배치도

• 잘못된 방법

• 옳은 방법

 통찰

멕시코 시티의 소그룹 모임

2천 5백만 명이 살고 있는 멕시코 시티는 집과 아파트들의 크기가 매우 작습니다. 대부분의 집들이 한 방에 10명 정도가 들어가면 방이 가득 차는 크기입니다. 하지만 그렇다고 걱정할 필요는 없습니다. 앞서 말했듯이 10명은 가장 이상적인 소그룹 모임의 규모이며, 소그룹이 커지면 방이 작아 그 수를 감당할 수 없기 때문에 자연스럽게 번식이 이루어집니다.

에 자리를 잡으십시오.

만약 여러분의 집이 넓다면, 좌석을 넓게 배치하지 말고 한 쪽에 모아서 의자로 좁은 원을 만드는 것이 좋습니다. 큰 그룹에게는 큰 방이 좋을 수 있겠지만, 소그룹 모임에서는 오히려 작은 방이 모임을 진행하는 데 더 효과적입니다. 사람들이 서로 멀리 앉아 있으면 서로의 생각과 느낌을 솔직하게 나누기 어렵습니다.

어떤 사람들은 자신의 집이

다른 사람들의 집처럼 크지 않고 좋지 않다는 이유 때문에 다른 사람들을 집에 초대하기를 꺼립니다. 하지만 그런 것들에 신경쓰지 마십시오.[3] 사실 친밀한 모임은 작은 아파트나 혹은 작은 집에서 더 잘 이루어지며, 소그룹이 일정한 규모가 되면, 자연스럽게 번식을 생각하게 됩니다.

| 조명

조명은 모든 사람들이 성경을 읽기에 불편하지 않을 정도로 밝게 하되 편안함을 느낄 수 있게 해야 합니다. 너무 어두우면 찬양악보나 성경, 다른 유인물들을 보기가 힘듭니다. 여러분이 모임을 준비할 때 이런 것들을 중요하지 않게 생각할 수도 있지만 세밀한 부분을 신경쓰는 것이 다른 모임과 차이를 만들어 낼 수도 있음을 기억하십시오.

| 자료 준비

자료는 모든 사람에게 돌아갈 수 있도록 준비하십시오. 사람들은 그런 작은 배려에 감사해합니다. 나는 예전에 찬양악보가 몇 장 준비되어 있지 않은 소그룹 모임에 참석한 적이 있습니다. 찬양 시간에 나는 모르는 사람과 악보를 함께 보게 되었고, 그 시간 내내 예수님을 경배하기보다는 악보를 붙잡는 데에 온 신경이 쏠려 있었습니다. 이러한 상황을 방지하려면 비용을 들여서라도 모든 사람들에게 악보나 자료가 돌아갈 수 있도록 하십시오.

| 다과 시간

다과는 간단하고 부담스럽지 않게

간식은 서로에게 부담이 가지 않는 선에서 차리십시오. 서로 더 좋은 간식을 차려 낸다는 경쟁을 하는 것은 좋지 않습니다. 만약 여러분이 재정적으로 부족하지만 소그룹 모임에서 간식을 제공해야 할 필요가 있다면 다른 그룹원들에게 도움을 청해도 좋습니다.

조용기 목사님이 교회에서 소그룹 모임을 시작했을 때, 소그룹원들 사이에서 '지난 주에 최고의 간식은 무엇인가'라는 경쟁이 붙고 있다는 사실을 알게 되었습니다. 결국 조목사님은 소그룹 모임을 진행할 때에는 간단하고 비싸지 않은 다과를 제공해야 한다는 규칙을 만들어야 했습니다.

다과 시간은 소그룹 사역에 있어서 선택적인 요소가 아니라 매우 중요한 부분 중 하나입니다. 이 시간은 소그룹원들이 서로 개인적으로 질문하고, 깊은 교제에 들어가며, '추수'를 거둘 수도 있는 최상의 시간입니다.

앞서 어떤 소그룹 모임에서는 아이스 브레이크 시간과 마지막 기도 후에 간식을 제공한다고 언급했었습니다. 여러분도 재정적으로 여유가 있다면 두 번 모두 제공하면 좋습니다. 하지만 여유가 없어 한 번 밖에 하지 못한다면, 아이스 브레이크 시간보다는 마지막 기도를 마친 후에 다과 시간을 가지는 것이 좋습니다.

소그룹 모임이 끝난 후 사람들이 자리에 그대로 앉아 있는 동안 간식을 제공합니다. 이 시간은 사람들이 주위를 자유롭게 움직이며, 서로 대화를 나누고, 개인적으로 만나게 되는 시간입니다.

다과 시간은 보통 15분 정도가 되며, 그 후에는 나름대로 주위를 둘러보며 이야기 상대를 찾거나 할 것입니다.

소그룹 리더는 여기서 분위기를 잡아야 합니다. 만약 소그룹 리

⏱ 전략

먹고 즐기기만 하는 모임

어떤 소그룹 모임은 다과 시간 내내 테이블에 몰려 앉아 맛있는 간식을 먹기에 급급합니다. 물론 맛있는 음식을 먹고 즐기는 것이 분위기를 좋게 할 수는 있습니다. 그러나 이렇게 다과를 즐기기만 해서는 서로 개인적인 삶을 나누기 어렵게 되고, 간식만 먹고 돌아가는 사람이 생겨나기도 합니다. 다과 시간도 다양한 형태로 진행하는 것이 중요합니다.

더가 사람들이 각자 알아서 다과 시간을 즐기도록 내버려두면 다과 시간은 한 시간을 훌쩍 넘겨버릴지도 모릅니다.

개인적으로는 한 시간 정도면 대화와 나눔을 가지기에 충분한 시간이라고 생각합니다. 우리는 일반적으로 소그룹 모임이 끝난 후 30분 정도 다과 시간을 갖습니다. 우리 소그룹 모임은 보통 오후 7시 30분에 시작해서 9시 정도에 끝나고 사람들은 다과 시간을 가진 후 9시 30분쯤 돌아갑니다.

물론 이것을 꼭 지켜야 하는 것은 아닙니다. 개인적인 사정이 있거나 다과 시간에 참석하고 싶지 않은 사람은 일찍 돌아가도 좋고, 더 많은 이야기를 나누고 싶은 사람들은 좀 더 있어도 누가 뭐라고 하지 않습니다.

사람들의 필요에 민감한 소그룹 리더는 이 시간을 개인적인 나눔, 방문자 소개, 그리고 결정한 사안들을 다시 한번 확인하는 데 활용합니다. 다과 시간에는 사람들이 여러분에게 다가올 때까지 기다리지 말고 먼저 적극적으로 다가가십시오.

| 소그룹 모임에서 어린이 돌보기

나는 소그룹 사역에서 이 부분에 대해 자세하게 말하는 것을 조금 망설였습니다. 어린이 소그룹에 대해 쓰다보면, 이 책 한 권을 모두 그것에 대해 할애해야 하기 때문이며, 이미 그 주제에 대한 훌륭한 책들이 많이 나와 있기 때문입니다.[4] 그래서 이 책에서는 어른들의 리더십에만 초점을 맞추고, 어린이 소그룹에 대해서는 몇 가지 간단한 의견만을 제시하려고 합니다.

어린이들은 어른들과는 다른 세계를 가지고 있습니다. 만약 어린이가 6살 이하이면 그들에게는 노래, 게임, 시청각 교재 혹은 비디오 상영 같은 활동적이고 흥미 있는 것들이 필요합니다. 그렇기 때문에 어린이들이 어른 소그룹 모임에 참석해서는 별로 얻을 것도 없고, 재미나 흥미를 느끼지도 못합니다.

전략

**엘림교회의
많은 어린이들**

세계에서 가장 큰 소그룹 교회 중 하나인 엘살바도르의 엘림교회는 매주 11만 명이 그 소그룹 교회에 참석하며, 그중 절반은 어린이들입니다.

어린이를 돌볼 때 절대 하지 말아야 할 것 10가지[5)]

- '어린이 번지 점프' : 위험한 놀이는 하지 말아야 합니다.
- 문 앞 손잡이에 어린이를 붙잡아 매는 것 : 아이들이 자유롭게 놀 수 있도록 배려해야 합니다.
- 라카(스프레이)를 어린이에게 주고 지하실에 내버려 두는 것 : 라카에서 나는 고약한 냄새 때문에 아이들이 질식할 수도 있고, 지하실이 엉망이 될 수도 있습니다.
- 교회 지하실에서 숨바꼭질하며 놀게 하고는 한 시간 뒤에 아이들을 찾기 : 아이들이 숨어서 술래를 기다리는 동안 다른 일을 해서는 안 됩니다.
- 재미없는 교육용 애니메이션 비디오 틀어주기
- 어린이를 큰 개와 함께 있게 하기
- 계속해서 만화 비디오만 틀어 주기
- 어린이들에게 한 시간 동안 기도를 할 수 있다면, 장난감을 사주겠다고 하기 : 선물을 준다면서 아이들이 하기 힘든 일을 요구해서는 안 됩니다.
- 어린이들에게 전선줄이나 연장과 같은 위험한 물건을 가지고 놀게 하기
- 어떤 일을 하지 말라고 말할 때, 비꼬며 말하기

그래서 어떤 소그룹 모임에서는 그 시간 동안 유료 놀이방을 이용하기도 하고, 어떤 교회에서는 소그룹 모임을 위해 어린이 놀이방을 제공하기도 합니다.

나는 어린이들이 어려서부터 소그룹 생활을 시작하는 것을 좋아합니다. 그래서 이 책에 어린이들이 어려서부터 소그룹 생활을 시작할 수 있는 방법에 대해 몇 가지 적어보았습니다.

• 어른 소그룹 모임을 진행할 때, 아이스 브레이크 시간과 경배 시간에는 어린이들이 참여할 수 있도록 배려해 주십시오. 말씀 시간에는 어린이들이 지루해할 수 있으므로 다른 곳에서 놀게 하거나, 어린이들의 수준에 맞는 성경공부를 가르칠 수 있는 사람을 따로 정해 주어도 좋습니다(소그룹원들이 교대로 돌아가면서 해도 좋습니다). 또는 이 시간에 예수님이나 성경과 관련된 비디오를 보여주는 것도 괜찮습니다.

🥁 통찰

어린이에게도 제자훈련이 필요합니다

"어린이들도 어른과 마찬가지로 제자훈련이 필요합니다. 어린이는 하나님과 그들의 부모에게 매우 소중한 존재이며, 매우 귀한 영혼입니다. 그러므로 여러분의 소그룹에는 그들이 처음으로 예수님을 접하게 될 때 그들을 올바르게 이끌어주고, 어린이들이 앞으로 자라나 하나님나라의 리더가 될 수 있다는 분명한 비전을 심어줄 수 있는 누군가가 있어야 합니다."[6]

• 여러분의 소그룹 모임에 4명 이상의 어린이가 계속 참석하고 있다면, 어린이 소그룹을 인도할 수 있는 어른이나 청소년을 보내달라고 하나님께 기도하시기 바랍니다. 그 사람은 여러분의 소그룹 모임에 있는 다른 누군가일 수도 있고, 교회 안에 있는 다른 사람일 수도 있습니다. 아이들을 인도할 사람이 생기게 되면 학습 시간만이라도 어른들의 소그룹 모임이 방해받지 않도록 어린

이 소그룹은 다른 방에서 운영하는 것이 좋을 것입니다.

어린이 소그룹 모임도 어른들과 마찬가지의 순서(아이스 브레이크, 경배, 학습, 기도, 이웃에게 봉사하고 다가가기)로 지속적으로 운영해나 갑니다. 전체 소그룹을 감독하는 교회에서는 어린이 소그룹을 위한 자료를 제공해야만 하며, 필요한 모든 것들을 후원해 주어야 합니다.

• 또 다른 대안은 그 지역에 사는 여러 어린이들을 위해 소그룹을 여는 것입니다. 어른들이 이 소그룹을 인도하며, 이런 모임의 대표적인 예로는 '어린이전도협회Child Evangelism Fellowship'가 있습니다.

이상적인 배합

어린이 모임을 이끌어주는 '목자'가 있으며, 어린이 소그룹 리더가 일을 잘 할 수 있도록 적절한 훈련과 지원이 있어야 합니다.

어린이 전도협회와 복음클럽

복음클럽은 어린이가 살고 있는 곳의 가까운 장소에서 모임을 가집니다. 5~12살의 소년 소녀들이 친구들과 함께 모여 찬송을 부르고 성경말씀을 암송하며, 그들의 삶에 하나님의 말씀을 적용해 봅니다.

| 주위가 산만하지 않게 하라

소그룹 모임을 진행하는 동안 주위가 산만하지 않도록 주의하십시오. 전화벨 소리는 울리지 않게 하고 자동응답기도 꺼놓으십시오. 집에서 키우는 애완동물은 다른 방에 갖다 놓거나 밖으로 내보내는 것이 좋습니다. TV, 라디오, 컴퓨터는 모임을 진행

시도

주위가 산만해지는 것을 방지하기

• 전화기 소리는 줄였는가?
• 방안의 온도는 적당한가?
• 좌석은 원으로 배치되어 있는가?
• 방안의 조명은 적당한가?
• 찬송악보와 성경은 충분한가?
• 간식은 준비되었는가?

하는 동안 끄는 것이 좋습니다. 물론 우리 생활은 항상 바쁩니다. 그러나 소그룹 모임을 진행하는 동안 만큼은 모임에 100% 집중해야 합니다.

나와 나의 아내는 소그룹 모임이 진행되는 도중에는 소그룹원 중 하나가 늦는다는 전화를 걸어도 받지 않습니다. 이미 모임이 시작되었다면 그 전화보다도 모임 자체에 집중합니다. 늦는 사람은 늦게 도착하도록 놔두고 여러분은 모임에 참석해 있는 사람들에게 집중하면 됩니다.[7]

잘 자고 있던 여러분의 아이가 모임이 진행되는 동안 깨어 운다면 어떻게 하시겠습니까? 여러분은 그런 일이 일어날 때 어떻게 대처해야 할지 미리 정해 두어야 합니다. '아이가 깨어나면 둘 중에 누가 소그룹 학습 중에 일어나서 아이를 달랠 것인가' 하는 문제 같은 것 말입니다.

| 시작 시간

소그룹 리더들이 일반적으로 가장 많이 힘들어하는 일은 정시에 소그룹 모임을 시작하는 것입니다. 소그룹원들이 모두 도착하기를 기다리다 보면 5~10분 정도 늦게 시작하는 것은 보통입니다.

소그룹 리더는 늦게 오는 사람들을 기다리지 않고 모임을 정시에 시작할 것인지, 아니면 몇 사람을 더 기다려서 모임을 늦게 시작할 것인지를 결정해야 합니다. 아래의 간단한 단계를 밟아 이 문제를 미리 결정해 놓는다면 소그룹 모임을 진행하기가 훨씬 수월해질 것입니다.[8]

지각하는 소그룹원들 다루기

여러분이 소그룹 모임을 정시에 시작하는 데도 불구하고 여전히 상습적으로 늦게 도착하는 사람이 있을 것입니다. 이 사람과는 솔직한 대화를 나눌 필요가 있습니다.

그룹원들의 의견에 따르라

정시에 소그룹 모임을 시작하는 문제에 대하여 여러분의 그룹원들에게 물어보십시오. 그룹원들은 이 시간을 통해서 다른 사람들이 정시에 도착하는 것을 바란다는 것과 그것이 중요한 문제라는 것을 깨닫게 될 것입니다.

대부분의 그룹원들은 정시에 모임에 도착하는 것이 중요하다는 것에 동의할 것입니다. 가장 중요한 것은 그룹원들의 의견이 일치가 되는 것입니다. 새로운 사람이 모임에 참가하게 되면 이 논의는 또 다시 이루어질 수 있다는 것을 기억하십시오.

정시에 시작하라

여러분의 소그룹원들이 습관적으로 지각을 한다면 그것을

고치기 위해 리더가 모임을 정시에 시작해야만 합니다. 앞에서도 언급했듯이 대부분의 리더들이 늦게 오는 참석자들을 기다리느라 모임을 정시에 시작하지 못합니다. 그러나 소그룹 모임의 시작 시간을 자꾸 늦추는 것은 사람들에게 다음과 같은 인상을 줄 수 있습니다.

- 이 모임은 6시에 시작한다고 말은 하는데 거의 매일 6시 30분은 넘어서야 시작해.
- 늦어도 괜찮아. 내가 도착할 때까지 기다려 줄거야.
- 모임의 처음 15분 정도는 별로 중요하지 않아.

소그룹 리더가 늦게 오는 사람이 있든 없든 모임을 정시에 시작한다는 것은 모임의 모든 사람들이 중요하다는 표시를 보내는 것이라 할 수 있습니다.

또한 리더는 모임에 주어진 제한된 시간을 지혜롭게 사용해야 합니다. 리더가 모임을 정시에 시작하는 것을 습관화한다면 사람들은 더 이상 늦게 오지 않을 것입니다. 반대로 말해서 리더가 모임을 정시에 시작하지 않는다면 소그룹원들은 자꾸 늦게 도착할 것입니다.

| 마치는 시간

소그룹 모임이 한 시간 반 이상 진행될 필요는 없다고 생각합니다. 나는 소그룹 리더들에게 이렇게 당부하고 싶습니다. "한

소그룹 모임을 정시에 형식을 맞추어 끝내기

모임이 끝나는 시간이 되면 소그룹원들이 서로 둥글게 앉아 손을 잡게 하고 마무리 기도를 인도하십시오. 소그룹 모임이 완전히 마무리되지 않았더라도 정시에 모임을 끝내는 것이 좋습니다. 여러분의 소그룹원들에게는 내일을 준비할 시간이 필요합니다. 매주 모이는 소그룹 모임은 소그룹 생활의 작은 부분일 뿐입니다. 여러분의 소그룹 모임이 소그룹원들의 생활에 부담이 되어서는 안 됩니다.

시간 반이 넘도록 땅을 파내려 갔는데도 기름 줄기가 터져나오지 않는다면, 작업을 중지하십시오." 조용기 목사도 소그룹 모임은 한 시간 정도면 충분하다고 말합니다.

소그룹원들은 가족과도 시간을 보내야 하고, 다른 자질구레한 일들도 챙겨야 합니다. 모임이 너무 늦게 끝나면 소그룹원들은 다음 모임에 참석해야 할지 심각하게 고민할 것입니다.

| 여러분의 집에 넘치는 하나님의 축복

이렇듯 소그룹 모임을 여는 것이 많은 노력과 세심한 주의를 요하는 일이라는 이유 때문에 사람들이 자기 집을 개방하는 것을 꺼릴 수도 있습니다. 하지만 '우리 집은 좀 곤란합니다'라고 말하기 전에 소그룹 모임을 여는 집에 하나님의 축복이 넘쳐날 것을 생각해 보십시오.

누구든지 자신의 집을 소그룹 모임을 위해 개방한다면 하나님의 영 또한 그 집을 다스리시기 위해 오실 것입니다. 그리고 그분은 여러분의 집과 여러분의 모든 소유물에 풍성한 은혜를 내려 주실 것입니다. 하나님께서는 바로 '오벧에돔'에게 그렇게 하셨습니다.

> "다윗이 그날에 여호와를 두려워하여 가로되 여호와의 궤가 어찌 내게로 오리요 하고 여호와의 궤를 옮겨 다윗성 자기에게로 메어 가기를 즐겨하지 아니하고 치우쳐 가드 사람 오벧에돔의 집으로 메어 간지라 여호와의 궤가 가드 사람 오벧에돔의 집에 석달을 있었는데 여호와께서 오벧에돔과 그 온 집에 복을 주시니라 혹이 다윗왕에게 고하여 가로되 여호와께서 하나님의 궤를 인하여 오벧에돔의 집과 그 모든 소유에 복을 주셨다 한지라 다윗이 가서 하나님의 궤를 기쁨으로 메고 오벧에돔의 집에서 다윗성으로 올라갈째"(삼하 6:9~12).

소그룹 모임을 위해서 여러분의 집을 개방하는 것은 살아계신 하나님이 경배와 찬양, 기도, 성경공부를 통해 여러분에게 임하셔서 여러분과 여러분의 집을 축복해 달라고 그분을 초청하는 것입니다.

20 – 20비전(행 20:20)을 가진 소그룹 리더는 주위가 산만해서 소그룹 모임을 방해하기 전에 그것들을 미리 정리해 놓아야만 합니다. 소그룹 리더는 커다란 문제도 중요시하지만 사소한 것들 역시 성공적인 소그룹 모임을 위해 세밀하게 살펴보아야 한다는 것을 잊지 말아야 합니다.

그러므로 다음의 사실들을 기억하십시오.

- 집 안 분위기는 소그룹원들을 모임에 불러 모으고 계속 나오게 하는 데에 중요한 역할을 합니다.
- 좌석은 원형으로 배치하십시오.
- 방안의 조명이 성경이나 찬양악보를 보기에 충분한지 확인하십시오.
- 모든 소그룹원들에게 찬양악보나 자료가 돌아갈 수 있도록 하십시오.
- 어린이들에 대한 관심은 소그룹 모임에 있어서 빠져서는 안 되는 부분이며, 그들을 위해 반드시 사역해야 합니다.
- 모임 진행 시에 주위가 산만해지지 않도록 미리 그것을 방지하십시오.
- 모임을 정시에 시작하고 정시에 마치십시오.

최고의 리더는 절대 배움을 게을리하거나 멈추지 않습니다. 우리는 그들을 '평생 공부하는 사람'이라고 불러도 좋을 것입니다. 그들은 배우면 배울수록 더 배워야 할 것이 많다는 것을 알고 있습니다. 하버드 경영대학의 교수인 존 코테John Kotter는 이렇게 말합니다.

"평생 공부하는 리더들은 다른 사람들의 견해와 생각들을 적극적으로 들으려 합니다. 그들은 모든 것을 알았다거나 다른 사람들의 의견을 무시하는 행동은 하지 않습니다. 오히려 그들은 '모든 사람이 다 나의 스승이다'라고 믿습니다."[1]

프랭크는 그렇게 평생 공부하는 리더 중의 한 사람입니다. 그가 처음으로 소그룹 모임을 인도했을 때는 너무 말을 많이 했고, 사람들의 의견을 주의 깊게 듣지 못했습니다. 그는 질문과 질문 사이를 자연스럽게 넘어갈 줄도 몰랐고, 모임을 정시에 시작하지도, 끝내지도 못했습니다. 아마도 그때의 프랭크에게 점수를 매긴다면 10점 만점에 '2'점을 줄 수 있을 것입니다. 그것도 열심히 노력한 것을 고려하여 말입니다.

그러나 프랭크는 그대로 주저앉지 않았습니다. 듣는 기술을 배우고, '열린 질문'을 사용하려고 애쓰고, 그룹원들을 격려해주기 위해 노력했습니다. 질문을 던진 후에는 다른 사람들이 대답할 때까지 기다리는 여유도 배웠고, 소그룹에서 말 많은 사람을 다루는 법까지도 익혔습니다.

하지만 프랭크가 보여준 가장 큰 노력은 바로 끊임없는 기도였습니다. 그는 매일 예수님께서 임재하시는 기도 시간을 가졌고, 거기서 힘과 영감을 얻을 수 있었습니다. 지금 그는 '8'점을 받습니다. 만점을 받지는 못했지만 처음에 비하면 정말 많이 발전한 것입니다.

여러분들도 프랭크의 모범을 따라 열심히 배우십시오. 그리고 포기하지 마십시오. 하나님께서는 여러분이 탁월한 소그룹 리더로 성장하기를 기대하고 계십니다.

| 미주 |

| 프롤로그

1 Robert Wuthnow, *I Come Away Stronger : How Small Groups Are Shaping American Religion* (Grand Rapids, MI : Eerdmans Publishing Company, 1994), p.45.
'로버트 우드노'는 미국의 소그룹에 대한 철저한 설문조사를 통해 미국 성인의 40%가 소그룹에 속해 있다는 것을 알아냈으며, 현재 소그룹에 속해 있지 않은 사람들 중 7%도 그 해 안에 하나의 소그룹에 참여할 계획을 갖고 있다는 것 또한 밝혀냈습니다.

2 산살바도르(엘살바도르)의 '엘림교회'에서는 11만 명의 사람들이 11,000개의 소그룹 모임에 참여하고 있습니다. 보고타(콜롬비아)의 'ICM교회'도 2만 개의 소그룹에 11만 명의 사람들이 모입니다. 그리고 지금은 주말마다 지역실내체육관을 빌려서 축제예배를 열고 있고, 네 번을 진행할 동안 4만 7천명이 참석합니다. 서아프리카 아이보리코스트에 있는 '로버트 디온'의 셀교회와 싱가포르의 'ICBC', 루이지애나 베이커에 있는 '베다니교회'에서도 세계적인 셀교회 성장의 대표적인 사례들을 볼 수 있습니다.

3 Lyle E. Schaller, *The New Reformation : Tomorrow Arrived Yesterday* (Nashville, TN : Abingdon press, 1955), p.14.

4 John K. Brilhart, *Effective Group Discussion*, 4th Edition (Dubuque, Iowa : Wm.C. Brown Company Publishers, 1982).

5 Michael Mack, *Small Group Dynamics* (Internet newsletter of the Small group Network, November 1992).
이 부분의 제목들은 '미첼 맥'의 《소그룹의 역동성》 중 '소그룹이 아닌 것'에서 발췌했습니다.

6 John K. Brilhart, *Effective Group Discussion*, 4th ed. (Dubuque, Iowa : Wm.C. Brown company Publishers, 1982), p.59.
소그룹의 규모가 커짐에 따라서 구성원들에게 참여의 기회를 똑같이 주기가 힘들어집니다. 즉, 가장 활발한 사람과 그렇지 못한 사람과 사이의 발언 비율의 차이가 그룹의 규모가 커짐에 따라 점점 더 벌어지는 것입니다.

7 온두라스 테구시갈파에 있는 '사랑이 숨쉬는 교회'에 대한 이야기입니다. 이 교회에서는 소그룹을 운영할 때, 소그룹이 15명이 될 때까지 기다렸다가 새로운 소그룹을 번식시켰습니다. 그러나 오랜 시간이 지나면서 소그룹의 인원으로 15명은 조금 많다는 것을 경험하게 되었습니다. 결국 이 교회의 소그룹들은 적정 인원을 10명으로 줄여 운영하였습니다. 그래서 지금 '사랑이 숨쉬는 교회'의 소그룹들은 10명이 되면 새로운 소그룹을 번식할 준비를 합니다. 소그룹 감독인 '디제 로살즈'(Dixie Rosales)는 15명에서 10명으로의 변화가 이 교회 내에서 소그룹 번식의 혁신을 가져왔다고 말합니다. 현재 그 교회에서는 적정 인원을 갖춘 소그룹들이 전교회적으로 더욱 번식되고 퍼지고 있습니다.

8 Carl George, *How To Break Growth Barriers* (Grand Rapids, MI : Baker Book House, 1993), p.136.

9 Dale Galloway, *The Small Group Book* (Grand Rapids, MI : Fleming H. Revell, 1995), p.145.

| **1장** 하나님을 향한 순수한 마음
1 Stephen Covey, *The 7 Habits of Highly Effective People* (New York : Simon & Schuster, 1989), p.151. (《성공하는 사람들의 7가지 습관》 김영사)

| **2장** 모임을 감싸는 손
1 《소그룹을 살리는 아이스브레이커》(NCD)

2 "Leading Worship in Small Groups," *Small Group Dynamics* (*Small Group Network*, September 1999).

이것은 《소그룹 역동성》 중 '스미스 단'과 '스티븐'의 '소그룹의 경배 인도' 기사 부분에서 발췌하였습니다.

3 Tami Rudkin, "Worship Works," *Small Group Network*, April 2000.

4 Jay Firebaugh, *Cell Church Magazine*, Spring 1999, p.15.

5 Judy Johnson, *Good Things Come in Small Groups* (Downers Grove, IL : InterVarsity Press, 1985), p.176.

| 3장 소그룹을 지탱하는 다리
1 Robert Wuthnow, *Sharing the Journey* (New York : The Free Press, 1994), p.267.

2 이 예화는 1982년 단기선교여행 중 서아프리카 라이베리아의 한 소그룹에서 일어났던 일입니다.

3 내가 이 책에서 분명히 말하듯이, 모든 소그룹이 참여에 초점을 맞추는 것은 아닙니다. '여의도순복음교회'나 '엘림교회' 그리고 'ICM'의 소그룹 리더들 은 소그룹 학습을 기르치며, 자신들을 격려자라기 보다는 설교자나 교사에 가 깝다고 생각합니다. 하지만 이 교회의 소그룹들은 신자만큼이나 불신자에 집 중하기 때문에 나는 이 소그룹을 '성경공부'와 동일하게 여기지는 않습니다. 그러나 다른 교회의 소그룹 모임에서는 참여를 장려합니다. 예를 들어, '랄프 네이버'는 내가 아는 어떤 사람보다도 소그룹에서 참여를 권장합니다. '랄프 네이버'가 창립을 도운 싱가포르의 'FCBC'의 소그룹은 100% 참여적입니다. 내가 셀교회 철학을 받아들이기 전에도, 나는 전적으로 소그룹의 참여와, 성경 교사보다는 격려자로서의 소그룹 리더를 권장했습니다.

| 4장 열린 영혼

1 David Hocking, *The Seven Laws of Christian Leadership* (Ventura, CA : Regal Books, 1991), p.63.

2 James M. Kouzes and Barry Z. Posner, *The Leadership Challenge : How to Keep Getting Extraordinary things Done in Organizations* (Jossey-Bass Publishers : San Francisco, CA, 1995), p.167.

3 Ralph Neighbour Jr., "Questions and Answers," *Cell Church Magazine*, (Vol 2., No. 4, 1993), p.2.

4 Shirley Peddy, *The Art of Mentoring : Lead, Follow, and Get Out of the Way* (Houston, TX : Bullion Books, 1998), p.46.

5 Howard Snyder, *The Radical Wesley & Patterns for Church Renewal* (Downers Grove, IL : InterVarsity Press, 1980), p.55.

6 Howard Snyder, *The Problem of Wineskins, Church Structure in a Technological age* (Downers Grove, IL : InterVarsity Press, 1975), p.89.

| 5장 호기심이 강한 지성

1 Taken from Michael Mack's article "What's Questionable about These Questions", *Small Group Dynamics* (Small Group Network, February 1966), p. 19.

2 Jim Egli, *Cell Church Magazine*, Spring 1999.

3 Christian A. Schwartz, *Natural Church Growth* (Carol Stream, IL : ChurchSmart Resources, 1996) quoted in Larry Kreider, "Obstacles to Growth," *Cell Church Magazine* (Vol. 6. No. 4. Fall 1997), p22.

4   For more information on the G-12 group, see my book Groups of 12 published by TOUCH Outreach Ministries.

| 6장   경청하는 귀

1   Stephen Covey, *The 7 Habits of Highly Effective People* (New York : Simon & Schuster, 1989), p.239.

2   Michael Mack, "Kinesics," *Small Group Dynamics* (*Small Group Network*.[n.d.]).

3   Judy Hamlin, *The Small Group Leader's Training Course* (Colorado Springs, CO : NavPress, 1990), p.239.

4   Michael Mack, "Kinesics," *Small Group Dynamics* (*Small Group Network*.[n.d.]).

5   캄보디아의 소그룹 세미나에서 셀교회 모델로의 변화에 대한 강의를 한 적이 있습니다. 파워포인트를 통해서 나는 전세계의 소그룹들이 활동하고 있는 많은 사무실과 교회 건물의 사례를 보여 주었습니다. 하지만 전쟁으로 캄보디아가 황폐해진 사실을 미처 염두에 두지 못했기 때문에 나는 이 자료들을 전혀 응용할 수 없었습니다. 그곳의 현실에 대해 신중히 생각하지 못했고, 사전 준비의 미숙 때문에 나는 문화적으로 동떨어진 예화를 사용했습니다. 캄보디아 소그룹의 평가를 통해 나의 잘못이 분명하게 드러났습니다!

6   Tom Peters, *Thriving on Chaos* (New York : Harper Perennial, 1987), p.176.(《경영혁명》 한국경제신문)

7   Stephen Covey, *The 7 Habits of Highly Effective People* (New York : Simon & Schuster, 1989), p.244.

8   Ralph Neighbour, "Jesus is the Real Cell Leader," *Small Group*

Dynamics (*Small Group Network*, January 2000).

9 어떤 사람은 리더가 이름을 불러야 질문에 대답하고 대화에 참여하는 성격을 가지고 있음을 유념하십시오. 특별히 이것은 DISC성격유형(D : Dominant;지배적인, I : Influencing;감화를 주는, S : Stable;안정적인, C : Cautious 신중한)에서 S적 성격이 짙은 사람에게 해당합니다.

10 Roberta Hestenes, *Using the Bible in Groups* (Philadelphia : The Westminster Press, 1983), p.29.

11 Viktor Frankl, "Youth in Search of Meaning," Moral Development Foundations (Donald M. Joy, ed., Nashville : Abingdon, 1983), as quoted in John C. Maxwell, *Developing the Leader Within You*, (Nashville, TN : Thomas Nelson Publishing, 1993), p.118.

12 작자 미상. 캐나다 알버타의 쓰리힐에 있는 '프라어리성경학교'에서 공부하는 동안 적어 두었던 시입니다. 나는 설교에서 이 시를 여러 번 사용했으나 참고 자료로 기록해 두진 않았습니다.

| 7장 격려하는 혀

1 Richard Price and Pat Spring, *Rapha's Handbook for Group Leaders* (Houston, TX : Rapha Publishing, 1991), pp.116~117.

2 나는 이 방법을 시도하기 전에 다른 방법을 모두 사용할 것을 권합니다. 만약 다른 방법들을 사용해도 말 많은 자를 잠잠하게 하는데 실패한다면, 이 방법을 사용함으로 기본 원칙을 명확히 마련해 줄 필요가 있습니다. 그리고 앞으로 규칙을 어길 경우, 여러분이 그 사람에게 다가갈 마땅한 명분을 제공해 줄 것입니다.

3 Adapted from Pat J. Sikora, "Dealing with Conflict among Members," *Small Group Bible Studies : How to Lead Them. Logged in on Friday*,

February 25, 2000.

4 Henry, Matthew, *Matthew Henry's Commentary on the Bible*, (Peabody, MA : Hendrickson Publishers), 1997.

5 B.A. Fisher & D. G. Ellis, *Small Group Decision Making : Communication and the Group process*, 3rd ed. (New York : McGraw-Hill, 1990), p.264 as quoted in Julie A. Gorman, *Community that is Christian : A Handbook on Small Groups* (Wheaton, IL : Victor Books, 1993), p.195.

6 Barbara J. Fleischer, *Facilitating for Growth* (Collegeville, MN : The Liturgical Press, 1993), p84.

7 *Cell Church Magazine*, summer 1996, 11.

| 8장 따뜻한 손

1 Wayne McDill's *Making Friends for Christ* (Nashville, TN : Broadman Press, 1979), p.28 as Jim Egli, in Circle of Love.

2 콜롬비아 보고타(Bogota)에 있는 C&MA의 선교사들

3 요한복음 5장에서, 예수님은 중풍병자를 고치시고(8절), 그 후에 회개하도록 그를 부르십니다(14절). 그리고 8장에서, 예수님은 간음으로 잡혀 온 여인 앞에 서서(7절) 곧이어 그녀에게 용서를 베푸시고 그녀에게 변화된 삶을 살도록 당부합니다(11절). 또한 요한복음 9장에서, 예수님은 태어날 때부터 눈이 먼 사람을 고치시고(7절), 얼마 후에 자신을 개인적으로 믿도록 요청하십니다(35절). 이 사람들은 그 분의 실제적인 사랑을 보고 난 후에 예수님을 구주로 받아들였으며, 그때 하나님의 능력이 나타났습니다. 이와 같이 우리도 다른 사람들에게 다양한 방법으로 우리의 증거를 보여 줄 수 있습니다. 예수님처럼 우리도 다른 이들의 필요에서 시작하여 우리의 구원자를 보여 주고 전해야 할 것입니다.

4 *Cell Church Magazine*, summer 1999, 13.

5 Peggy Kannaday, ed. *Church Growth and the Home Cell System* (Seoul, Korea : Church Growth International, 1995), p.19.

6 Dale Galloway, *20-20 Vision* (Portland, OR; Scott Publishing, 1960), p.144.

7 Herb Miller, *How to Build a Magnetic Church*, Creative Leadership Series. Lyle Schaller, ed., (Nashville, TN : Abingdon Press, 1987), pp. 72~73.

8 Larry Stockstill, Notes from the Post-Denominational Seminar, May, 1996.

9 《소그룹 역동성》에 나오는 '하이어 바우'의 "고기잡기동역" 부분에서 기본적인 단계를 발췌. "Fishing Together," *Small Group Dynamics* (Small Group Network, October 1999).

10 Cho quoted in Karen Hurston, *Growing the World's Largest Church* (Springfield, MI : Chrism, 1994), p.107.

11 Jimmy Long, Anny Beyerlein, Sara Keiper, Patty Pell, Nina Thiel and Doug Whallon, *Small Groups Leader's Handbook* (Downer's Grove, IL : InterVarsity Press, 1995), p.87.

12 Jay Firebaugh, *Cell Church Magazine*, Summer 1999, 11.

13 Karen Hurston, "Preparing for Outreach through Evangelism-Based Prayer," (Small Group Network, July 2000).

| 9장 함께 걸어가는 발

1 Roberta Hestenes, *Using the Bible in Groups* (Philadelphia : The Westminster Press, 1983), p.32.

2 Doug Whallon, "Sharing Leadership," in Good Things come in Small Groups (Downers Grove, IL : InterVarsity Press 1985), p.65.

3 Dan Lentz, *Small Group Network*, July 2000.

4 *Small Group Network*, April 2000.

5 Dan Smith, "Multiplication,"*Small Group Network*, 1996.

6 《소그룹 역동성》의 "그룹을 번식시키지 못하는 10가지 어설픈 이유"에서 발췌. "Top Ten Lame Excuses for not Multiplying (Birthing) the Group," *Small Group Dynamics (Small Group Network*, September 1999).

| 10장 살피는 눈

1 *Small Group Network*, April 2000.

2 나는 이 장에서 사용한 아래의 부제목에 대한 아이디어를 제공해 준 '미첼 맥' 에게 감사를 드립니다. 나는 그의 뛰어난 사설에서 많은 자료들을 인용하였습 니다.
Michael Mack, "Top 10 Ways to Facilitate so Your Group Can Participate" *Cell Church Magazine* Vol. 8, no. 2 (Spring 1999), pp. 22~25.

3 소그룹 모임을 열기 위해 비싼 저택을 구입해야 할 필요는 없습니다. 만약 여 러분이 서민이 사는 동네에 산다면, 주변 이웃들의 집들도 여러분의 집과 비슷 할 것입니다. 이웃들은 자기가 사는 집과 비슷한 곳에서 모임이 열리면 부담을 가지지 않고 기꺼이 참여하게 될 것입니다. 동질그룹에서 여러분이 '여러분과

같은 사람들'(사회적 지위, 배경 등)을 초청할 것이라는 것도 이것과 비슷한 이치입니다.

4 어린이 소그룹에 대한 가장 완벽한 지침서는 '로나 젠킨스'의 *Feed My Lambs by Lorna Jenkins* (Singapore : Touch Ministries International, 1995)입니다.

5 Small Group Network, July 2000.

6 Daphne Kirk, "Are Your Children being Discipled," *Cell Group Journal*, Winter 2000, p.12.

7 한번은 내가 소그룹 리더와 상담을 하고 있을 때의 일이었습니다. 전화벨 소리가 울리자 그의 아내는 이야기를 듣다 말고 벌떡 일어나서 전화를 받았습니다. 그녀는 계속 전화 통화를 했고, 내 조언은 매우 하찮은 것처럼 느껴졌으며, 반면에 그녀의 전화 호출이 훨씬 중요한 것처럼 느껴졌습니다. 소그룹 리더 여러분! 지금 소그룹원들에게 이것을 제시하십시오. 만약 여러분이 그들보다 전화나 컴퓨터나 강아지를 더 우선시한다면, 그들은 자신들이 소중하게 대우받는다고 느끼지 못할 것입니다.

8 이 목록의 원리들은 《소그룹 역동성》에 나오는 '마크 웰첼'의 '만성적 지각'이라는 사설에서 발췌했습니다. "Chronic Lateness," *Small Group Dynamics (Small Group Network*, June 1999).

| 에필로그

1 John Kotter, *Leading Change* (Boston, MA : Harvard Business School Press, 1996), p.182.

"그래서 사람들은 우리 모임에 또 오고 싶어한다."